没有“问题孩子”
只有“问题大人”

贾杜晶 著

朝華出版社
BLOSSOM PRESS

图书在版编目（CIP）数据

没有“问题孩子”，只有“问题大人” / 贾杜晶著
. --北京 : 朝华出版社, 2019.3
ISBN 978-7-5054-4413-3

Ⅰ. ①没… Ⅱ. ①贾… Ⅲ. ①家庭教育 Ⅳ. ①G78

中国版本图书馆CIP数据核字（2018）第274296号

没有“问题孩子”，只有“问题大人”

作　　者　贾杜晶

选题策划　王　剑
责任编辑　胡　泊
责任印制　张文东　陆竞赢
封面设计　异一设计

出版发行　朝华出版社
社　　址　北京市西城区百万庄大街24号　邮政编码　100037
订购电话　（010）68996618　68996050
传　　真　（010）88415258（发行部）
联系版权　j-yn@163.com
网　　址　http://zhcb.cipg.org.cn
印　　刷　三河市三佳印刷装订有限公司
经　　销　全国新华书店
开　　本　710mm × 1000mm　1/16　字　　数　180千字
印　　张　14.25
版　　次　2019年3月第1版　2019年3月第1次印刷
装　　别　平
书　　号　ISBN 978-7-5054-4413-3
定　　价　36.00元

前言

生活中，你是否对孩子产生过这样的抱怨：

你怎么这么爱撒谎？

你怎么这么爱生气？

你怎么这么没有礼貌呢？

……

你在抱怨孩子的时候，是否意识到这样一件事情：所谓的“问题孩子”背后，一定站着“问题大人”。我们大人在教育孩子的时候，总喜欢站在年龄和角色的制高点上，挥舞着“教育”的大棒，毫不客气地给孩子贴上各种各样的问题标签：“愚笨”“小气”“懦弱”“脾气大”，等等。与其花费如此多的时间去抱怨孩子的问题，我们还不如心平气和地换个角度，考虑一下自己身上究竟有什么问题。

从儿童心理学的角度来看，儿童是在对成人和外部世界不断的模仿中，才最终完成自我建构的。因此，父母是孩子的影子，你想让孩子成为什么样的人，就要先努力让自己成为这样的人。

著名的教育家苏霍姆林斯基曾经说过这样一句话：“任何幼儿园，哪怕是最理想的幼儿园，都不能取代母亲和父亲的训练，或者弥补母亲和父亲在精神生活最敏感的领域，即个性培养方面由于疏忽给孩子造成的缺陷。”

孩子喜欢撒谎，作为父母的你们是否反思过，那很可能是因为父母对他犯过的错误反应过度，他因为害怕被惩罚而选择再一次“欺骗”你；孩子好胜心太重，不能容忍别的小朋友比自己优秀，父母是否意识到是自己在平时的生活学习中总是喜欢拿他跟“邻居家的小孩”做比较，结果严重地伤害了他的自尊心；孩子粗鲁没有礼貌，父母是否认真地检视过自己的一言一行，有没有在不小心伤害了别人的时候，第一时间跟对方诚恳地说一声“对不起”呢?

父母所批评的“问题孩子”，恰恰是因为大人有如此严重的“问题”，所以在面对孩子身上表现出来的问题时，请以最大的诚意首先检视一下为人父母的一言一行。

在《朗读者》节目中，我看到郑渊洁与父亲一同朗读《父与子》，其中有一句话给我留下了颇为深刻的印象，郑渊洁说：“孩子是你生的，如果你不满意，就打自己。打孩子算什么?又不是孩子非要让你把他生出来的。”是的，孩子如果不满意，就“打”我们自己吧。上天给我们一双手，是为了给孩子送去鼓励的掌声，而不是时不时地甩给他“一巴掌”。

每个孩子，都是上天派来的小天使，他们来到父母身边，是想成为更好的天使，而非恶魔。好的父母，是孩子成长的好学校，在父母这所学校里，孩子应该成长为一个更真实的自己，拥有独立的人格，能够平等地向父母表达自己的所思所想；孩子应该成为一个更加幸福的人，拥有充盈的安全感，愿意平和地接纳自己身上的优点和缺点，懂得扬长避短，也懂得调整自己，最终成长为一个开朗、乐观、有教养的人。

其实，引导孩子成长的过程，也是父母的一场自我修行，在这场修行中：我们应该逐渐学会如何去爱孩子，知道真正的爱意味着包容和理解，意味着平等和尊重，而非牢牢地掌控；我们应该学会用心陪伴，陪伴孩子尽量按照自己的天性成长为一个拥有强大内心的孩子；我们更应该学会耐心等待，在静待花开的日子里，静静地陪着我们的“小蜗牛”一起领略世界的美好。

要始终记得，我们的家庭是一个完整的教育系统，有什么样的父母，就有什么样的孩子，父母做出什么样的改变，孩子也会跟你做出同样的改变。我们大人要真正把自己的“心”放下来，去了解孩子行为背后的真实动机，找到“问题”产生的真正根源，才能让孩子的“问题”越来越少。

目录

第一章 每个孩子来到世上，都希望遇到一对好父母

每个来到我们身边的孩子，都是美丽的小天使。他来到我们的家庭中，是想要借助我们的爱和教育，在未来能够成长为更好的天使，而不是被我们教养成人见人厌的“小魔鬼”。面对这张洁白无瑕的纸，父母应该如何做，才能让孩子变得独立懂事？我们究竟是想要一个自己喜欢的孩子，还是想让孩子去做真实的自己？这些问题的确值得我们好好思考。

第二章
没有“问题孩子”，只有“问题大人”

父母们是否知道，从来就没有所谓的“问题孩子”，有的只是“问题大人”。我们对孩子的未来总是希冀过高，我们对孩子总是施加了太多的控制，而且往往还冠之以“爱”的名义，但这种爱并非真正无私的爱。每个孩子都是独立的个体，需要我们真正去理解他们，看懂他们，而不是简单地以自己的对错标准去衡量孩子的所有行为，更不要把孩子当作我们儿时的影子去教育。

第三章
爱孩子就要读懂孩子的心理世界

真正爱孩子的方式，就是要走进孩子的内心世界，去读懂孩子真正的心理世界。有的时候孩子爱撒谎，很有可能是因为你对他的惩罚过度了；有的时候孩子故意打扰你，可能是想吸引你的关注；有的时候孩子缺乏自信，可能是因为你对他的建议多过鼓励……如果你想真正地读懂孩子行为背后的真实原因，就请好好地反思一下，孩子身上出现的这些问题，是否由我们不良的教育方式导致的呢？

第四章

教育要提前做功课，不能想起来才教育

之前听过一种说法，叫作“负2岁教育”，意思是教育孩子要从孩子出生前两年开始做准备。进一步来说，就是从孩子出生前两年就要做好孕前、孕期、胎教等各方面的准备。尽管这种说法有些夸张，但也不无道理。引申来讲，就是说教育孩子不能走一步看一步，随时想起来随时再教育。

第五章
如何说孩子才会听，如何听孩子才肯说

每个家庭其实都有自己特定的沟通模式，不同的沟通模式会形成不同的亲子关系。如果想要孩子真正听进去父母的教育意见和方法，那就一定要学会倾听孩子的“弦外之音”，还要放下自己的身段，与孩子建立起像朋友那样的平等交流关系。除此之外，父母还要掌握一些特定的提问技巧和沟通技巧，去引导孩子表达自己内心的真实想法。

第六章
惩罚为什么不能解决问题

孩子犯错后，不要棍棒责打，而要采取合适的教育方式，让孩子能够积极主动地反省自身的错误之处，让孩子减少做坏事的念头，更重要的，是让孩子能够主动地承担起自己犯错误的一切后果。你要知道，粗暴的惩罚方式不仅不能达到以上这些效果，相反还可能对父母和孩子双方都造成严重的情绪和心理伤害，而且还很容易逼迫他养成撒谎的坏习惯。

第七章
正面教养——不惩罚、不娇纵的温暖教养术

天下没有完美的孩子，父母所要做的事情，就是如何通过合适的教育方式，让自己的孩子变得越来越好。那么问题来了，如何才能得到一个越来越好的孩子呢？我认为正面教养——不惩罚、不娇纵的温暖教养术才是最恰当的教育方式。让孩子在一种和善而坚定的气氛中，培养出自律、责任感、合作意识以及独立解决问题的能力。

第八章
接纳，是对孩子最有效的管教

接纳孩子，是对孩子最有效的管教方法，这个方法远比强力管制要有效得多。每个孩子生来都是不一样的，他在某个方面可能没有天赋，但却有可能在别的方面成为天才。父母应该做的就是去接纳孩子所有的天分、情感和情绪，努力理解孩子的行为及心理，然后有的放矢地针对孩子的具体问题去引导和教育。但父母也应该记住，接纳并不意味着放纵，而是在接受了孩子的现状之后，慢慢找寻合适的方式去引导孩子重新走上正确的道路。

第九章
最好的教育，就是陪孩子一起成长

真正的爱，就是陪伴孩子慢慢长大，如果没有真正的陪伴，那就不能叫作“真正的教育”。对于孩子来说，他能感知到的最大的幸福就是父母的陪伴和教导。如果你能够给予孩子一颗强大的内心，如果你能教会他做一个开朗、乐观、有教养的孩子，那么你就是真正的爱他。我们每个人都不是生来就是最好的父母，但我们有信心为了孩子的成长，去不断反思我们的教育方式，去给予孩子最真实的陪伴。

第一章

每个孩子来到世上，都希望遇到一对好父母

每个来到我们身边的孩子，都是美丽的小天使。他来到我们的家庭中，是想要借助我们的爱和教育，在未来能够成长为更好的天使，而不是被我们教养成人见人厌的“小魔鬼”。面对这张洁白无瑕的纸，父母应该如何做，才能让孩子变得独立懂事？我们究竟是想要一个自己喜欢的孩子，还是想让孩子去做真实的自己？这些问题的确值得我们好好思考。

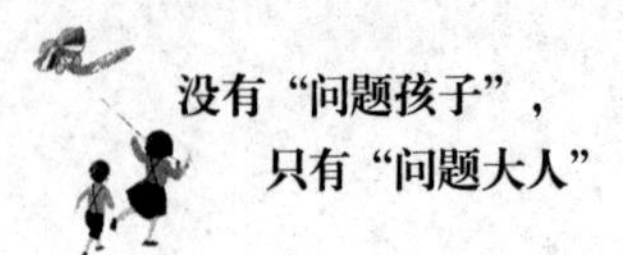

每个孩子都是上天派来的天使

著名童话作家郑渊洁曾经说过：“每个孩子都是天使。”

是的，孩子的到来，让我们这些年轻的父母从最初的手忙脚乱，到后来可以娴熟地给孩子洗澡喂饭，再到最后，我们可以陪伴着孩子慢慢长大，学着去面对他成长过程中的美好与黯淡。转变之快，我们自己都深感震撼：大概这就是上天派来的小天使，他引领我们学会去真正地理解、承载和奉献爱。

三年多前，女儿程程来到了我们的身边，我们捧着这个粉嫩的小肉团，第一次感受到了生命的奇特与美妙。这个小小的生命，将在我们爱的包围下，逐渐学会微笑、走路和说话。随着时光的流逝，我们将要亲眼见证一场生命的成熟与绽放。

我原本以为，这段陪伴孩子长大的旅程注定会充满艰辛与忐忑。然而，随着女儿的一天天长大，我发觉自己越来越感激上天赐予我的这个小天使，正是因为她的到来，我们才变得更加坚强和勇敢，变得更加柔软和温暖。

好像突然有了软肋，你的喜怒哀乐完全牵动在她的一颦一笑上；又好像突然有了铠甲，为了她有勇气、有毅力去做你以前做不到的事；抱着她的时候，就像怀抱着整个世界。我想，全天下的父母都会像我一样，拥有同样的感受吧。

小天使的到来，让我们理解了什么叫作真正的生命和成长。

我到现在依然记得女儿迈着小小的脚步，在草地上一摇一摆向我走来的情形。她虽然不停地跌倒，但依然努力爬起来，继续往前走着，一步一步，一天一天，直到她能够完全自由地蹦蹦跳跳。

我也记得她最初学习发音时的情景，是学喜鹊喳喳地欢叫。她从当初的牙牙学语开始，跟着父母一个词语一个词语地学着说话，直到现在能够蹦出一句一句完整且逻辑合理的话语。

还有，她第一次学着自己吃饭，尽管她满脸饭渣，看上去像只脏兮兮的小花猫；她第一次学着穿鞋，尽管经常分不清左脚和右脚；她第一次尝试系纽扣，尽管系一颗纽扣要花费很久的时间……

但她的每一次努力，都让我感动生命所带来的震撼，她像一棵嫩绿的幼苗一样，毫不畏惧地努力成长，穿过阳光和空气，直至有一天成长为一棵参天大树。

对于每一对父母来说，孩子都像一个美丽的天使。他用自己的成长让我们明白，生命的力量究竟有多么顽强。有孩子在前面带领，我们也会追随着他的脚步，勇敢地面对人生路上的艰难与坎坷，就像他第一次蹒跚学步那样的坚定和无畏。

小天使的到来，让我们真正理解了什么叫作柔软和温暖。

在有孩子之前，我们身上多多少少都带着一些棱角和小刺，不懂得退缩。然而，有了孩子之后，我们渐渐发现自己身上的棱角在不经意之间变得柔软了很多。而且，我们再看身边的人和物时，目光里都多了一些爱意和温暖。

我想，这也是小天使带给我们的惊喜吧。

当他第一次甜甜地叫出“爸爸妈妈”的时候，当他乖巧地说出“妈妈，我爱你”的时候，当他开始懂得与小朋友分享玩具和零食的时候，当他能够在你生病的时候体贴地拍拍你的肩膀，然后给你端来一杯温水的时候，你的内心大概已经开始融化了吧。

在成为父母之前，也许这样的小细节根本无法打动我们的内心，然而有一天，等我们真正地为人父为人母了，才会惊讶地发觉原来自己的内心已经在不经意间变得这么的温暖和柔软了。

就像一位妈妈说的那样，“有时候走在路上，突然想起自己的宝宝，就会停下脚步露出微笑，即使大雨磅礴浑身湿透，也会觉得晴空万里艳阳高照”。是的，人生路上即使碰到再多的艰难和困苦，只要想想孩子天真无邪的微笑，我们就会觉得那都不是事！

谢谢上天给我们派来的小天使，这么可爱，这么美丽。

小天使的到来，让我们真正理解了什么叫作耐心和等待。

在有孩子之前，我们想要走便走，想要停便停，过得自我潇洒。然而等有了孩子之后，你会发现，自己竟然可以尝试着走得慢一点，再慢一点，只为等待身边的小天使慢慢长大。

在孩子成长的过程中，会出现各种各样令你头疼的问题和状况。比如，他今天淘气地打碎了家里的花瓶，他哭闹着不愿意去跟别的小朋友一起分享，他在学校过得不开心，他开始变得叛逆不听话，你说东他偏要往西走……面对这些问题，你会变得无比焦虑与气愤。

然而，当你静下心来，看看孩子天真的面孔和微笑，你会告诉自己，尝试停下来吧，问问他的想法和困惑，学着怎样走进孩子的心灵深处，做孩子最信任的父母和朋友。

谢谢我们的小天使，正是因为他们的存在，才让我们这些父母开始学会耐心和等待。伴随着孩子的逐渐成长，我们的内心也在逐渐变得宽容和淡定，我们也因此领略到了更多生活的美好和精彩。

来到父母身边的每一个孩子，都是上天派来的小天使。他来到我们的家庭中，是想要借助我们的爱和教育，在未来能够成长为更好的天使，而不是被我们教养成人见人厌的“小魔鬼”。从孩子出生的那一刻开始，我们就要坚信，他们一定都带着形色各异的美丽翅膀，还有着独一无二的性格和潜能。我们父母要做的事情，就是尊重孩子的天性，善于发现孩子的特长，并加以正确的教育和引导，然后希望来到我们身边的每一个天使，都能够寻找到带领自己飞得更高的那双隐形的翅膀。

教育，是父母的一场自我修行

说到“修行”，有的家长笑了。

遥想当年，我们可是经历过无数次职场拼杀，才在社会上赢取了一席生存之地的人才；再遥想当年，我们也是在千军万马之中走过高考独木桥的佼佼者。对于教育孩子，哪里用得着“修行”这么夸张的说法?

当然，如果你觉得你的孩子是一棵树苗，只要顺其自然长大就可以了；或者你觉得自己已经有了一张规划好的成才蓝图，只要严格按照你设计好的道路往下走就可以了；那么，你可以轻蔑地一笑而过，不把“修行”当回事。

然而，很多事实都已经证明，这样“自视甚高”的父母，教出的孩子往往难以具备一个优秀的孩子所必备的完善人格、见识，甚至是品性。

从儿童心理学的角度来看，儿童是在对成人和外部世界不断的模仿中，才最终完成自我建构的。对于儿童而言，无论最初的语言，还是行为方式，其实都是通过模仿习得的，模仿甚至是以后创造力的前提和动力。也就是说，对一个孩子而言，在父母身上受到的影响要远远大于来自老师的影响。

如果说孩子是一张白纸的话，那也是一张拥有自己独特个性的白纸，需要父母与他一起探讨、学习，如何把这张与众不同的白纸变成一张精彩绝伦

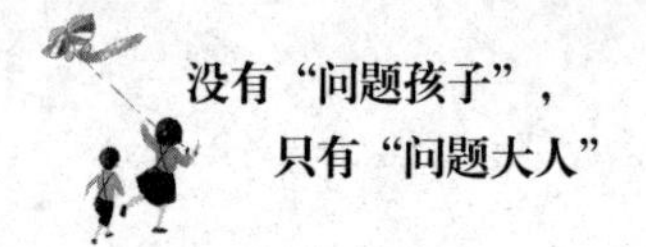

的经典画作，这个过程对父母来说就是一场不折不扣的修行。

如果有朝一日，身为父母的你能够成功地把一个只会说“不、不、不”的小毛孩教育成一个彬彬有礼、人格独立、人见人爱的大男孩或大女孩，你才有资格骄傲地对自己说：我完成了人生的自我修行！

不错，对任何父母而言，对孩子的教育都是一场艰苦、幸福而又充满挑战的自我修行。这场修行，修的是你的耐心、学识、人格、道德、思想，等等。总而言之，你所能想象出来的，一个优秀的孩子——独立、优秀、善良的个体所要具备的一切素质，你自己都先要好好地修行一番。

有的妈妈会说：刚结婚时，我可是连厨房都不进的人，没想到做了妈妈之后，为了孩子，硬生生把自己逼成了一个全能型的“五好”妈妈。

养育不易，然而，教育孩子的修行远比简单供养他一日三餐要复杂得多。

首先，我想以阅读习惯的修行作为开始。

我的孩子在3岁之前，有很长一段时间，我们每天晚上疲于应对孩子的吃喝拉撒等各种生活琐事，结果连最珍贵的阅读习惯都搁置一边了。其实，我们也知道阅读对于幼儿有多么重要的作用。阅读是一项获得信息、增加知识的活动。通过阅读《大灰狼和小白兔》，孩子可以学到很多书本上学不到的知识。比如她知道大灰狼是坏的，小白兔是好的，她由此建立了最基本的善恶感；通过阅读《梧桐树》，她知道母爱是世界上伟大的情感之一，因为一只丢了鸡蛋的鸡妈妈竟然会拼尽全力去保护一条她收养的“蛇宝宝”。

另外，我们知道，早期阅读不仅是幼儿认知的一种重要形式，也是他们认识世界和探索世界的一种重要手段。阅读，不是单纯让孩子认几个字，记几个故事，而是让孩子通过阅读，养成看、听、读、写一整套的学习习惯，为他们今后学习更多的知识打下良好的基础。

然而，这些理论上的认知却被无穷无尽的生活琐事所淹没。直到有一天，我们看到了某亲子节目中多多爸爸夏克立和妈妈黄嘉千合写的一本书，书名叫作《一生陪你做公主》，深有感悟。没有天上掉馅饼的事情，我们不可能天天拿着“生活忙、没时间”当借口，却幻想着自己的孩子有朝一日会成为饱读诗书、富有学识的天才。

说做就做。我与先生约定：所有有必要让孩子养成的良好习惯，就从今天开始做起，不要总是拖到“明天”。我们要成为孩子阅读的引导者、习惯的见证者，不要推托，不能偷懒。

很庆幸，这个良好的阅读习惯现在已经成为孩子生活中不可缺少的一部分。每天晚上，洗漱完毕躺在床上，我们就一起进入期待已久的“阅读程序”。

这个习惯，我想我们会坚持很久，直到有一天，孩子能够自己阅读书籍，并且养成每天阅读的良好习惯。

接下来，我想谈谈“打磨耐心”的修行。

有位网友，写出了很多失去耐心的烦恼：

我的女儿程程现在3岁2个月大，她听话的时候，挺讨人喜欢的；可当她不听话的时候，我的脾气一下子就变得暴躁起来，无法控制，可过后我又非常后悔。其实，女儿还算是一个很乖的孩子，我知道是因为自己常常没有耐心。只要我心里不痛快，孩子再一闹，我不是打她就是大声吼她。

我也知道这样做对孩子不好，可就是忍不住。说来奇怪，我对其他人就完全不一样，朋友们都说我性格好，很随和，这是为什么呢？为什么我总是对孩子没有耐心呢？有什么好的办法可以帮助我改变这种行为吗？

——一个坏脾气的妈妈

其实，这样的事情每天都在我们的身边上演着。

孩子吃饭磨磨蹭蹭，半小时过去了，一个包子竟然只咬了一小口。你无奈地盯着桌子上的计时沙漏，看着沙子一点一点地往下漏，你的脸色也变得越来越难看……终于，你爆发了，仅有的耐心随着沙子的流逝也变得荡然无存，于是你暴怒大喊道：“还吃不吃啊？！不想吃饭，一天都别吃了！”

类似这样的，在教育孩子期间失去耐心的场景有无数次，你可能会说：我也想有耐心，也想要心平气和地说话，可时间久了，我憋不住啊！

那就想想这句话：身为父母的我们，是孩子成长的一面镜子。你经常对他发脾气、大喊大叫，他有一天也一定会学着你的样子随意发怒，冲着你或者别人大喊大叫。

记住，你就是孩子的镜子。你不想让孩子变成什么样子，就一定要克制自己不要成为什么样子。

孩子吃不完，你可以耐心地对他说：“吃饭期间不可以玩耍的，否则下顿饭就没有了。”理智地告诉他这个决定，让他去选择自己的行为，总要好过无数次的怒吼。

孩子爱哭鼻子，你可以耐心地问问他：“宝贝，你是不是遇到什么伤心的事情了，告诉爸爸妈妈好吗？我们可以一起想办法。”孩子信任你，与你坦诚沟通，总要好过你无数次不耐烦地大吼孩子，“哭什么哭！就知道哭哭！”

总之，教育孩子，是父母的一场自我修行，在期待孩子成为更好的孩子的过程中，我们也要学着打磨自己的性格，修炼自己的耐性，学着让自己成为更好的家长。

好父母胜过一所好学校

对于孩子来说，最好的学校是父母。孩子在父母身上学到的东西，远比在学校和社会上学到的多得多。所以说，父母想要拥有一个善良、优秀的孩子，那么就请先成为一位合格的“老师”吧。

焦虑的中国家长

现在有一个很流行的说法，叫作“焦虑的家长”。这种说法极具中国特色。中国的家长从孩子出生的时候就开始焦虑，焦虑自己的孩子吃的奶粉不够好，想要吃进口的奶粉，结果进口的奶粉种类变多了，家长又开始焦虑哪个牌子的奶粉更好吃、更有营养。

等孩子两岁了，能说一些简单的话语了，又开始焦虑，担心自己的孩子输在起跑线上，于是，各种学费昂贵的早教班纷纷列入日程，好像不上早教班的孩子，就跟别人拉了好大一段距离似的。

等孩子上幼儿园了，又开始焦虑幼儿园的各种“问题”，担心孩子在幼儿园里不适应，不好好吃饭，甚至综合比较，问长问短，生怕把孩子送进了一个比别人家差的学校。在这些家长的心目中，好像一个好的幼儿园就能够决定孩子的一生。

终于熬到了孩子上小学，又开始着手培养孩子的综合素质，各种钢琴班、绘画班、舞蹈班，安排得满满当当。下课早了直接转战特长班，一到周末更是如同打仗一般，领着孩子穿梭于各种辅导班之间。这样的家长，恨不得孩子琴棋书画样样精通。

等孩子上了初中，又开始准备攒钱为他将来出国做打算，平日里省吃俭用，节衣缩食，也要给孩子攒一笔出国留学的钱，帮助孩子铺平未来的一切道路。中国的父母甚至全包了孩子的结婚费用，默认了孩子结婚、生养下一代都是自己的责任。

最好的学校，其实是父母

中国的家长，在一条错误的道路上越走越远。对于孩子来说，最好的学校是父母，最好的老师也是父母。

在这一点上，我们应该借鉴一下国外父母的经验。在美国，18岁以上就意味着应该独立生活了，也应该为自己的人生负责了。没有生活费，对不起，你自己去打工挣钱养活自己吧；要结婚了需要婚房，对不起，美国的父母会说，我只负责为你高兴和祝福，你的婚房不应该是我们的义务和责任。想问问父母某件事情该怎么办，美国的父母会说，对不起，我们只能提供一些自己的建议，至于如何选择，该你自己决定了，而且你要学会为自己的选择负责。

并不是美国的父母无情，而是中国的父母错在从孩子很小的时候就给他灌输了一种错误的人生思想：我既然养了你，就应该为你负责到底。其实，这样想就错了，你生了他，应该告诉他：“我生了你，唯一需要负责任的事情是，应该引领你成为一个更加独立的个体，让你成为思想独立、生活独立、价值观正确、能为自己负责的独立个体。”

对于孩子来说，父母应该是一所最好的学校，应该教导孩子学会独立生活，学会分辨善恶，学会坚强生存，这才是更为科学的教育理念，需要父母认真反思、体会。

最好的父母是“坚硬”的父母

对于父母来说，最好的教育理念其实是“坚硬”，而不是“柔软”。你柔软地包围了孩子的一切困难和挫折，为他铺就了成长所需要的一切资源，对他来说，未必是最好的爱。因为你不可能陪伴他走完一生。也就是说，你呵护得了他一时，呵护不了他一世。

也许下面这位先生的亲身经历，能为我们展现一下“坚硬”的父母应该是什么样子的。

在以色列特拉维夫大学海外留学生中心，攻读希伯来语和文学博士学位的高先生谈到了自己在以色列的一段生活经历：

我到以色列求学，夫人和女儿来“陪读”。在我们租住的房间隔壁，住着一位满头白发的以色列邻居——弗莱明。我们的初次见面并不愉快。

那天，我女儿坐在小炉子旁边等我夫人做饭，弗莱明看到了就慢悠悠地走过来，训斥我女儿说：“你已经是大孩子了，你应该学会去帮助你的母亲，而不是在这里看着你母亲忙碌，自己就像废物一样。”事实上，我女儿刚过5周岁生日。然后，他又转过头训斥我夫人：“不要把那种落后的教育带到以色列来，别以为生了孩子你就是母亲……”

这位父亲的经历应该给予我们中国父母深刻的警示：真正的父母，应该是孩子的榜样，是孩子的老师，是真正可以让孩子学会成长的好学校。父母应该教导孩子，如何做一个具有独立人格和独立思想的个体，而不是一个只会索取，不懂感恩，不会为自己负责的“寄生虫”。

从现在开始，不要再抱怨你的孩子只知道躲在房间里打游戏，过着衣来伸手饭来张口的生活了，因为这一切都是你的娇生惯养和纵容造成的。

从现在开始，不要再指责你的孩子不能吃苦，一遇到挫折就选择离家出走，一遇到困难就逃避了，因为一直以来，你都在为他铺就顺风顺水的“康庄大道”。

记住，你应该成为孩子最好的学校。

牵着蜗牛去散步——教育是慢养的艺术

《揠苗助长》的寓言故事大家一定都不陌生，它告诉我们的道理是：禾苗有自己特定的生长过程，不能急于求成把禾苗拔高，帮助它成长。这样的结果只会物极必反，加速禾苗的死亡。

父母教育孩子也应如此，不能因为对教育结果的迫切期待，就剥夺了孩子自然成长的快乐。这样的教育方式无异于“揠苗助长”，自取毁灭。

牵着蜗牛去散步

台湾作家张文亮曾经写过一篇散文，文章的名字叫作《牵一只蜗牛去散步》。我们一起来欣赏一下这篇散文。

上帝给我一个任务，叫我牵一只蜗牛去散步。

我不能走得太快，蜗牛已经尽力爬，每次只是往前挪那么一点点。

我催它，我唬它，我责备它，蜗牛用抱歉的眼光看着我，仿佛说：“我已经尽了全力！”

我拉它，我扯它，我甚至想踢它，蜗牛受了伤，它流着汗，喘着气，往前爬。

真奇怪，为什么上帝叫我牵一只蜗牛去散步？

“上帝啊，为什么？”天上一片安静。

“唉，也许上帝去抓蜗牛去了！”

好吧！松手吧！反正上帝不管了，我管什么？

任蜗牛往前爬，我在后面生闷气。咦！我闻到花香，原来这边有个花园。

我感到微风吹来，原来夜里的风这么温柔。

慢着！我听到鸟叫，我听到虫鸣，我看到漫天的星斗多么美丽。以前怎么没有这些体会？

我忽然想起来，莫非是我弄错了？原来是上帝叫蜗牛牵我去散步。

看完这篇散文，我的心灵很受震撼。第一时间映入脑海的场景就是：小小的孩子，跟在父母身边，迈着蹒跚的步履快乐地往前走着，而父母呢，迈着焦虑而又不耐烦的步伐，以近乎拖着他的姿态，牵扯着他往前跑，生怕赶不上看前面的风景。

教育，而非教训

早上上班出门，要先送孩子上幼儿园。有的父母恨不得把所有的时间压缩、再压缩，然后直奔上班的地铁或者公交车。扭头一看，孩子正坐在床边，笨拙而又努力地系着自己衣襟上的纽扣，一次，失败了，两次，还是失败了……于是，一把扯过孩子手里的扣子，急急忙忙地替他系上，然后不耐烦的时候还会抱怨一句："连个扣子都不会系，怎么这么笨呢！"

这个时候，我们可曾留意到孩子脸上委屈的表情？

孩子在公园与小朋友玩耍，没一会儿，就发生了争执，有的父母跑过去一看，原来是两个小朋友在争抢一个玩具。于是，我们用一种训导的口气跟他说："爸爸妈妈有没有告诉过你，你的玩具应该跟小朋友分享？只有会分享的孩子才是好孩子。"孩子这时候可能会紧紧地抱着自己的玩具，一副坚决不从的姿态。于是父母急了，一把扯下他手里的玩具，塞到小朋友的手里，转头对自己的孩子说："你这样是不对的！"

这个时候，我们可曾认真地聆听过孩子的想法？

我们急于想要培养一个完美的、优秀的小孩，带出去让自己脸上倍感有光，但却忽略了这样的一个事实：真正的好孩子，是靠父母教育出来的，而不是教训出来的。

学着去"慢养"

为什么不能让孩子顺其自然地成长呢？他是一个独立的个体，有自己独特的成长规律，作为父母，怎么能够自以为是地对他的成长指手画脚呢？

请试着尊重孩子的成长规律，告诉自己一定要学着“慢养”他，慢点，慢点，再慢点。

有的教育心理学家将孩子的成长划分为六个阶段，包括：依附期（0～18个月）、探索期（18个月～3岁）、认同期（3岁～4岁）、竞争期（4岁～7岁）、关心期（7岁～12岁）、亲密期（12岁～18岁）。

依附期（0～18个月）的孩子完全依附于父母，需要父母完全满足自己吃饱、穿暖的生理需求，以及满足自己渴望被拥抱、被温暖的心理需求；探索期（18个月～3岁）的孩子对周围的一切都感到好奇，急于探索这个未知的世界，这个时期，父母需要在保证孩子安全的条件下尽可能地支持他、鼓励他去探索外部环境；认同期（3岁～4岁）的孩子开始逐渐形成自我意识，逐步分清“你”和“我”的自我界限，往往特别喜欢强调“这是我的”或者“我不让”；竞争期（4岁～7岁）的孩子勇于体验新鲜的事物，敢于冒险和竞争，也期待父母能够对自己的新体验给予赞赏和支持；关心期（7岁～12岁）的孩子开始发展自己的社交关系，开始学着关心其他小朋友的感受了；亲密期（12岁～18岁）的孩子愿意与同龄人交往，容易顺应同龄人的行为，反而对父母和社会的教导容易产生逆反，甚至是对抗的情绪，这个时期，父母一定要尊重孩子的隐私，倾听孩子内心的声音，不能生硬压制。

看完这些成长阶段的介绍，身为父母的你，应该有一定的感悟吧。孩子的成长有自己特定的阶段和规律，他不会因为父母的焦虑或者期盼就变得更加完美和成熟。与其揠苗助长地推着他、赶着他成长，还不如把他当作一只慢慢爬行的蜗牛，让他牵着我们去散步吧。

这样做之后，你会惊喜地发现，原来看着孩子从蹒跚走路的孩童，变为一个能够独立思考、独立负责的个体，是一件多么美妙的事情啊！

当3岁的他，紧紧抱着自己的玩具，不愿意与小朋友分享时，耐心地听听他的心声，你就会发现，处在“认同期”的孩子会觉得：“你的东西是你的，我的东西是我的，我为什么要把自己的东西给别人呢？”是的，玩具是他的，他应该有自己的决定权，这时父母可以告诉他“分享是一件美好的事情”，但没有权力去强迫他交出自己的东西。

相信等他进入“关心期”的成长阶段，他就会开始从自我的世界里走出来，学着关心别人的感受，并且期待建立自己的“人际关系圈”，这个阶段不用父母的教导和训斥，他也会主动拿出自己的东西，期待与别人分享。这个时候的他，才能够真正明白与人分享是一件快乐的事。

当你的孩子开始慢慢悠悠地试着自己系扣子、穿鞋子的时候，当你的孩子笨手笨脚地拆掉玩具只想研究一下它的内部构造的时候，甚至当你的孩子想把牙膏涂在自己脸上的时候，请不要发怒，记住：他是一只正在散步的蜗牛。慢慢陪着他长大，与他一起享受成长的美好吧！

教育不是要让孩子变得听话，而是要独立懂事

我们需要一个独立的孩子，而不是听话的孩子。可是大多数家长在教育孩子时，常常会这样说，“乖，你要好好听话，听话的孩子才是好孩子”，而且在实际行动上，也的确把孩子往听话的方向上培养。试想，这样“听话”的孩子，长大后离开了家长，他该如何生活呢？

教育的目的是让孩子独立，而非听话

有的家长，每次出门前跟孩子告别，总会习惯性地说一句：“在家要听话哦！”好像让孩子“听话”就是父母最大的期望了。

反问一下自己，你真的希望自己的孩子永远做听话的乖宝宝吗？希望孩子上课的时候认认真真坐在教室里听课，放学了老老实实回家，回到家再规

规矩矩写作业？高考填报志愿该为自己选择专业的时候，扔一句“听你们的安排”的孩子是你想要的吗？更有甚者，即使孩子有一天长大结了婚，还是习惯把鸡毛蒜皮的婚姻琐事事无巨细地告诉你们，让你们帮忙处理，让你们这辈子都有操不完的心。

恐怕你也不希望自己的孩子变成不折不扣的“乖宝宝”，乖到连他自己的事情也扔给你去处理吧。

从现在开始，“解放”你的孩子

既然你不希望孩子变成不折不扣的“乖宝宝”，那就从现在开始，别总是要求你的孩子处处听话。就算孩子生下来是一张洁白无瑕的纸，等着父母来描绘，但他也有自己与生俱来的个性与特点，本来他的材质适合水彩，你却偏偏要按照自己的喜好来，硬生生把他变成一幅素描画，你若觉得别扭就不会执意按自己的喜好来塑造了。

所以，父母在教育孩子的时候，一定要时刻提醒自己：我希望我的孩子变成独立的个体，而非一个处处听话的“乖宝宝”。

著名教育家陶行知先生曾经提出过教育的“六大主张”，即：“解放儿童的头脑，使其从道德、成见、幻想中解放出来；解放儿童的双手，使其从‘这也不许动，那也不许动’的束缚中解放出来；解放儿童的嘴巴，使其有提问的自由，从‘不许多说话’中解放出来；解放儿童的空间，使其接触大自然、大社会、从鸟笼似的学校解放出来；解放儿童的时间，不过紧安排；从过分的考试制度下解放出来，给予民主生活和自觉纪律，因材施教。”

想让你的孩子变得独立，那就必须要给他一个能够“解放”自己身心的环境，让他的天性能够得以完全地释放出来，学着去探索这个陌生的世界，学着用自己的双手和双脚去尝试未来的人生。

从现在开始，不要让孩子感觉“压抑”

孩子成长的过程就像养一盆花，你得明白，它的生长不会按照你想象的那样乖乖发展。

闲暇时间，我在家里养了一些花，其中有一盆叫作白掌，一到夏天就会盛开几朵洁白淡雅的小花，看着挺赏心悦目的。但也有糟心的地方，那就是白掌花的分枝太多太快了，一不留神，它就分出许多枝丫来。我嫌它的分枝太多，影响中间主枝的生长，就索性拿来剪刀，给它来了个“釜底抽薪”，“唰唰唰”几下就把它的分枝全部剪掉了。

然而，没过几天，却发现它的分枝长出来更多，真可谓“野火烧不尽，春风吹又生”。后来我妥协了，索性把分枝拎出来，好好地把它们培养起来，第二年的时候，它们也长得像主枝那样大，开的花也一样美。

这件事情让我明白了一个道理：生命都是有自己的脾性的，小的时候你可以压制它，不让它自由自在地成长，那么总有一天，在你不防备的时候，它反倒肆无忌惮地开始生长，从旁边、从缝隙里歪歪扭扭地生长。

与其这样，你还不如从开始就别“压抑”它的成长。就如同叛逆一样，一些叛逆心极强的孩子，往往小时候就是父母口中“听话”的孩子，他们小心翼翼地成长，不等父母责备，自己就偷偷掐掉了长出来的所谓的“分枝”，只为讨父母的欢心。然而有一天，等他们成长得连自己都觉得压抑的时候，内心的种种想法就会以强大的力量表现出来，这种行为方式就是我们教育心理学上常说的“叛逆”。

如果你希望自己的孩子叛逆期来得不要那么“疾风骤雨”的话，就请不要在他小的时候压抑他的个性，尽量把他当作一盆成长的花，允许他自由地长一些“分枝”出来吧。

从现在开始，学着做一对“懒”父母

有的时候，不妨学学聪明的父母，让自己变得“懒”一点。

能让孩子自己做的事情就让他学着自己做。

在他3岁的时候，就把他的小手绢、小袜子交给他自己洗。洗不干净怎么办？怕什么！1天、2天、3天……总有一天，他会洗出干净的袜子来。

5岁的时候，他可以帮着父母大扫除了。周末大扫除的时候，交给他一块小抹布，甚至可以给他划定一块“任务区”，让他负责打扫该区域的卫生。

7岁的时候，他有课外作业了。告诉他：“爸爸妈妈还有自己的事情要做，你的作业自己来完成。”孩子不听话，你不督促他就不好好写作业。盯的时间越久，你会发现孩子写作业越磨蹭，时间也会越来越久。为什么？因为长此以往，他觉得自己的作业是写给父母看的，在他眼里，父母是他的“雇主”，是他的“监工”，你有见过那种面对“老板”和“监工”的吆喝指责，还心甘情愿地神速“干活”的员工吗？

所以，还是学着“懒”一点吧，别生生把自己磨成了孩子眼里那种没有人情味的“老板”和“监工”，出力还不讨好，何必呢？

有的父母可能有那么一段时间陶醉于自己的教育成果：认为经过自己监督之后，孩子交出的家庭作业是最优秀的。可是等孩子上了大学，能学着独立思考、独立规划自己的人生吗？这样的孩子在面临真正考验的时候，反而表现得无比彷徨，因为父母不在身边，没有人可以指导他了，他就会手足无措。

所以，教育孩子的时候，父母一定要记住，你要的是一个独立的好孩子，而不是一个“听话”的乖孩子。

放下架子，才能收获孩子的心

古代启蒙经典《劝报亲恩篇》中有一句话：“呼唤应声不敢慢，诚心诚意面带欢。”意思是：父母召唤，应马上答应，不能怠慢，要诚心诚意。

我们的传统文化，一直恪守着严苛的礼仪规范，君臣、父子之纲绝不可以肆意僭越，否则就是大不敬的罪名。几千年的传统文化，延续至今，虽然不可能再像过去一样迂腐不化，但深究一下，多数家长骨子里还多多少少存在一些“矫情”的“父子之纲”，动不动就觉得我是你老爸，是你老妈，你怎么能不听我们的话呢?

然而西方教育不一样，他们一直强调“独立的个体”，把孩子当作一个具有独立人格的生命来看待。

你的儿女其实不是你的

有的父母一看到这句话，甚感荒唐：“什么?我生了他养了他，他怎么就不是我的儿女了?”

别着急，请先耐心往下看。

下面这首诗是黎巴嫩大诗人纪伯伦写的，名字叫作《你的儿女其实不是你的》，我们先认真读一下这首写给父母的诗歌。

你的儿女，其实不是你的儿女。
他们是生命对于自身渴望而诞生的孩子。
他们借助你来到这世界，却非因你而来，
他们在你身旁，却并不属于你。
你可以给予他们的是你的爱，却不是你的想法，
因为他们有自己的思想。
你可以庇护的是他们的身体，却不是他们的灵魂，
因为他们的灵魂属于明天，属于你做梦也无法到达的明天，
你可以拼尽全力，变得像他们一样，
却不要让他们变得和你一样，
因为生命不会后退，也不在过去停留。
你是弓，儿女是从你那里射出的箭。
弓箭手望着未来之路上的箭靶，

他们用尽力气将你拉开，使他的箭射得又快又远。

怀着快乐的心情，在弓箭手的手中弯曲吧，

因为他们爱一路飞翔的箭，也爱无比稳定的弓。

乍一看这首诗的标题，可能觉得有点不合常理，但仔细琢磨一下诗中隐含的意思，觉得还是非常有道理的。

儿女，之所以称为儿女，是因为他们的生命是我们给予的，但也仅此而已。他们生下来之后，所有的目标只有一个：那就是尽可能地快快长大，争取早日成为一个拥有独立人格的个体。他们的成长绝不是仅仅为了完成自己“身为儿女”的使命，永远躲藏在我们的翅膀之下，永远做一个长不大的乖孩子。

即使他只有3岁，只会说一些没有逻辑性、不着边际的话语，那你也得尊重他，把他当作一个独立的生命个体来看待。蹲下身来，耐心地听他说完自己的想法，并告诉自己：这是生命与生命之间的平等对话，多么有意思啊！

不仅要在沟通形式上尊重孩子，更要在人格上尊重孩子。比如，父母做错了事情，也要向孩子说“对不起”。在说“对不起”这件事情上，大人与孩子的身份也是一样的，谁错了谁就应该向对方道歉，即使你面对的是个小婴儿，你伤害了他，也应该真诚地说一句“对不起”，无论他能否听得懂。

不要总端着父母高高在上的架子，哪怕做错了，为了可怜的面子也硬撑着不给孩子说一句“对不起”。

其实想想，现在发生在我们身边的校园欺凌事件为什么这么多？其中一个很重要的原因就是被欺负的孩子没有强烈的是非观念，习惯了逆来顺受，很多孩子往往都是在第一次被别人欺负了的时候选择忍气吞声，结果导致了更为严重的暴力伤害。

我们父母应该反思一下，平时自己有没有以身作则？有没有在做了伤害孩子的事情后诚恳地跟孩子说一声“孩子，对不起，爸爸妈妈做错了，可以原谅我们吗？” 如果你这样做了，那么孩子下次遇到欺凌的时候，首先会有强烈的是非观念，起码会认为这种行为是恶劣的，是需要道歉的，而不是觉得这个社会是弱肉强食的社会，自己只能逆来顺受。

记住：孩子的人格其实与你是平等的，作为父母我们应该不断地教导他什么是对错，而不是不断地教导他什么是尊卑。

蹲下来跟孩子交流

我女儿小的时候，有一次我和爱人带她去家具城玩儿，那天恰逢周末，人特别多。我们告诉她，能自己走尽量自己走，当然我们可以牵着她的小手。谁知道，刚开始往前走了几步，女儿就恐慌地往我们身上靠。我们感到很纳闷，因为平时去公园的时候都是她自己一个人走路，不用抱她。

后来，她爸爸抱着她安抚了一会儿，轻声问道：“宝贝，你是害怕人多吗？”女儿很快点了点头，又趴在了爸爸的肩头，不愿自己走路。

我正想安抚女儿，鼓励她要勇敢一些的时候，她的爸爸跟我说了一番话，让我彻底打消了让她自己走路的念头。

她爸爸说：“如果你走在人群里，而人群里的人都长得像姚明那样高大，你每次说话做事都得仰头看着那么多高大的人，你会感觉害怕、压抑吗？现在这种情况，我们大人并不觉得有什么，可孩子毕竟只有两岁多，这些来来往往的人流对她而言，就是无数个姚明啊！”

我觉得这个比喻很恰当。从此以后，我记住了一句话，那就是“站在孩子的视角”。无论遇到什么样的事情，努力蹲下来，看着她的眼睛，跟她交流，让她觉得自己是一个独立而又与别人平等的个体。

事实证明，这个改变很重要。女儿每次回到家之后，都会像只快乐的小鹦鹉一样，很乐意把自己在幼儿园的趣事说出来，跟我们一起分享。我们也尽量蹲下来，认真听，并不断地反问“是吗？你这么勇敢啊？”“是吗，你真的很棒啊！”女儿得到了我们热情的回应，变得更开心了。

至少在这一点上，我们很庆幸让她觉得与父母之间是可以平等沟通的，有什么想法都可以第一时间告诉爸爸妈妈，无论这个想法是对还是错。

这样无话不谈的感觉挺好，双方都不用费尽心力去猜测对方为什么不高兴了，为什么不开心了，沟通起来也会做到“有的放矢”。

你选择蹲下来跟孩子平等交流，尽管累了一时，却省了更大的教育心力，因为等他有一天进入叛逆期的时候，你至少可以有机会跟他平等交流，至少可以坦然地问问他：孩子，你心里究竟是怎么想的？告诉爸爸妈妈可以吗？

你放下了父母的身段，却赢得了孩子的整颗心。何乐而不为呢？

想要更好的孩子，先做更好的父母

苏联教育家苏霍姆林斯基说：“每个瞬间，你看到孩子，也就看到了自己；你教育孩子，也就是教育自己，并检验自己的人格。”

这句话说得很有道理，父母是孩子的一面镜子。想要更好的孩子，请先把自己改造成为更好的父母。每一个拥有优秀孩子的家庭，背后一定站着一对同样优秀的父母。这里所说的“优秀”，不光包括学识，更包括父母的人格魅力。贫穷却又具有光辉人格的父母，同样可以培养出独立而又优秀的儿女来。

有一位农民，将家里5个孩子全都培养成了大学生。记者去采访这些孩子，问他们的父亲是怎样把他们培养成才的，孩子们说：“身教。父亲从不讲大道理。他为我们制订了一份计划，早晨5点起床锻炼身体，包括他自己。每天早晨，父亲总是第一个起床，敲敲我们的房门，不多说一句话，我们便很自觉地爬起来。十几年如一日，父亲从未间断过。我们的毅力便在这十几年间一点儿一点儿地沉淀下来，成为我们内心一棵不倒的大树。我们从跨进小学的第一天起，父亲便发给我们每个人一个脸盆，一块搓衣板，意味着以后我们要自己照顾自己了。我们的独立性便从这一个脸盆，一块搓衣板开始了……”

同样的，每个“熊孩子”的背后都很可能屹立着一个不倒的“熊家长”。

上海某医院，曾经有一个母亲晚上一个人带孩子看急诊，自己看护不下来，就要求护士帮自己看着孩子，而护士表示急诊的孩子多，自己也无能为力。结果这个母亲竟然纠集了十多个亲属来到医院，上演了一出“飞踹保安”的闹剧。

不难想象，这样专横的母亲教导出来的孩子长大后会怎样地“嚣张跋扈”。你总觉得你是他的父母，有责任保护他、溺爱他。殊不知，有一天他进入了社会需要自己独立生活之时，在这个社会中，哪还有像父母这样对他“百般呵护”的人呢？既然如此，你何不现在就改变一下自己的教育方式呢？

如果你想让你的孩子变得“人见人爱”，那么请首先让自己变得“人见人爱”吧。培养更好的孩子的主要途径就是做更好的父母。

如何成为更好的父母呢？很简单，那就是从言行、品德、习惯等各方面的细节着手，争取做到“随风潜入夜，润物细无声”。

第一，给孩子做好言行的榜样。

孩子来到这个世界上，开口说的第一句话一定是在模仿父母，父母是孩子来到世上的第一位老师。有的人说，想让你的孩子开口叫“爸爸”“妈妈”，那么你自己首先得对着孩子说5000次的“爸爸”“妈妈”。事实上，是你教会了孩子如何礼貌地说话，礼貌地打招呼。

曾经有一则新闻说，有个6岁的小男孩在商场玩耍，直接对着电梯的控制板撒尿，导致电梯线路短路，自己则从电梯井坠落，造成颅脑损伤，全身多处骨折。尽管6岁的孩子还有些顽劣，但不可否认的一点是，父母平时对孩子的言行教导存在很大的问题，别说是6岁的小孩，哪怕是3岁的小孩，父母也应该教育他不能“随地大小便”。

可以说，发生这样的后果，父母负有不可推卸的责任。

第二，给孩子做好品德的榜样。

言传身教，在品德教育上也是如此。不要把孩子的思想道德，寄托在学校那几本“思想品德”教科书上。对于孩子而言，有一对以身作则的好父母，远比拥有一百本“思想品德”教课书要重要得多。

因为，品德是要通过行为展现出来的，而不是通过文字。孩子在课本上背诵一千遍“不能撒谎”“不能偷东西”的金科玉律，也不如父母的言传身教更有效果。

我记得南京有个孩子，有一天跟着老师、同学一起去博物馆看展览，临走时这个孩子拿走了博物馆的一颗鹅卵石，结果回家后遭到了妈妈的严厉批评。这个孩子最终在妈妈的鼓励下将鹅卵石还回，还写了一封特别诚恳的道歉信放在了博物馆的门口，信上说：“如果每位游客都和我一样，拿了鹅卵石就放进口袋，那么博物馆最终将没有一颗鹅卵石了。”

我很敬佩这位母亲的果敢和严厉，也赞成在对孩子的品德教育方面无小事的教育理念。其实，只要教育方式得当，即使一颗小小的鹅卵石也能让你的孩子学会善待身边的这个世界。

第三，给孩子做好习惯的榜样。

如果你的孩子出口成“脏”，请先不要急着指责学校和老师，试着静下心来想一想：自己平时在家是不是有出口成“脏”的坏习惯？

如果你的孩子天天不好好学习，总是想着钻进网吧玩儿游戏，或者拿着手机打游戏，请先反思一下自己的生活习惯，是不是经常拿着手机没完没了地聊微信、打游戏？

想让你的孩子养成平心静气、好好学习的良好习惯，就先请给他营造一个“喜欢阅读、热爱阅读”的家庭氛围。每天拿出一个小时的时间，跟孩子来一次“君子”约定：从现在开始，咱们全家人每天都要抽出一个小时的时间来，大家一起听听音乐、看看书好不好？

如果可以的话，请不要随意中断这样的阅读习惯，让孩子跟着父母一起，将阅读变成一种良好的生活习惯。

慢慢地，你会发现，原本不爱看书的孩子，说不定会爱上阅读呢！这就是榜样的力量，从父母做起，全家一起积极行动起来。

记住，想要一个更好的孩子，请先变成更好的父母，让孩子在父母这面镜子里，照出一个更好的自己！

第二章

没有“问题孩子”，只有“问题大人”

父母们是否知道，从来就没有所谓的“问题孩子”，有的只是“问题大人”。我们对孩子的未来总是希冀过高，我们对孩子总是施加了太多的控制，而且往往还冠之以“爱”的名义，但这种爱并非真正无私的爱。每个孩子都是独立的个体，需要我们真正去理解他们，看懂他们，而不是简单地以自己的对错标准去衡量孩子的所有行为，更不要把孩子当作我们儿时的影子去教育。

被父母控制的孩子怎么做都是错

有些父母会经常自觉或者不自觉地控制着孩子的一切生活，甚至是思想。

当孩子正处于“探索期”的时候，我们经常被他们淘气的举动所激怒，看到孩子一会儿拆拆这个玩具，一会儿摸摸那个电器，把家里所有能够得着的东西弄得一团糟，我们告诉自己克制、克制、再克制，结果忍了5分钟，最终还是爆发了：“你知不知道这样做很危险？告诉你多少次了，插座不可以摸！”

当孩子费力地举起拖把，在地板上歪歪扭扭地拖着的时候，有的父母常常会一把夺过孩子手里的拖把，不耐烦地说：“别捣乱了，地板都被你洗成河了！长大点再说吧。”

请别打着“爱”的名义控制孩子

我们总是自以为是地以“家长”自居，恨不得把自己所知道的生活常识和人生哲理通通告诉孩子，想让孩子少走一些弯路。如果孩子头上能长出那种特别神奇的按钮，只要“啪”的一声按下去，就能把自己的人生经历都“复制——粘贴”给孩子，相信有很多家长会毫不犹豫地按下去。

我们在前面讨论过，孩子一生中要经历漫长的6个成长阶段，每个成长阶段都有自己特有的发展规律，这个规律不以父母的意志为转移，它该来的时候自然会来，该走的时候自然会走，用不着我们这么着急地揠苗助长。

在孩子成长的过程中，父母总认为孩子的行为“幼稚”“可笑”，甚至“荒唐”和“无聊”。可是从孩子的角度出发，他只想搬张椅子，爬上桌子，看看盒子里的东西究竟是什么。哪怕打开盒子之后，他发现那里面其实什么都没有，那又如何？这也是他自己探索的结果。总比你打着“我怕你摔倒”的口号，生硬地一把将他扯下来，再冷冰冰地说一句“看什么看！盒子里什么都没有！”要有意义得多。

孩子想要的，只是一个自我探索、自我认可的过程，不需要你时时刻刻地提醒他说，“你这样做是不对的”“那样做也是不对的”。

对与错的事情，唯有孩子亲身经历过后才更有发言权，所以请父母不要再打着“爱”他的名义，处处控制他的成长了。

控制多了，孩子怎么做都是错的

如果孩子做了100件事情，但在控制欲强的父母眼里，可能只是做了100件错事，或者是100件“不够完美”的事情。

长此以往，你让孩子如何正确地进行自我认同呢？

“自我认同”是什么呢？说得通俗点，就是自我价值。对于一个孩子而言，如果能够理性地、乐观地看待自己以及外部的世界，那么他就能够对生活保持一份乐观和豁达，努力地拥抱生活、追求生活；如果他在父母一味地“控制”和“操纵”下，每天听到的话语都是“你不可以这样”“你不可以那样”“你这样做是错的”“你那样做也是错的”，那么他只能自怨自艾地活在责备和抱怨之中，从而丧失独立、乐观生活的勇气。

一个积极而独立的生命，能够拥有明确的人生目标，并且在追求和逐渐接近目标的过程中能够体验到自我价值，同时体验到来自社会的承认与赞许。他既能从这种认同感中巩固自信与自尊，同时又不会一味地屈从于社会与他人的舆论。

简单来说，一个独立、自由的孩子，能够拥有一颗强大的内心可以接受生活中的任何挑战与挫折，同时也能坚守自己对是非善恶的分辨力。

如果父母过多地控制孩子的一切，当他进入学校与同伴发生矛盾之后，往往不会自己想办法解决，而是只会哭着寻求父母或者老师的帮助；当他与别的小朋友一起玩儿游戏的时候，你会发现他永远跟在别人后面，没有主见；等他再长大一点，在课堂上，他不敢举手发言，不敢提出自己的意见和见解，总是一副畏首畏尾的样子。

所以，我和先生在家，经常进行自我反思，生怕自己超越了“原则”和“控制”的管教界限。有些安全原则，是需要跟孩子提前强调的，比如不能随意摸插孔，不能靠近有火源的地方，等等。在恪守安全原则的前提下，我们会尽量给孩子更多的自由，比如她可以按照自己的想法把所有的玩具都摊开一地玩耍，只要她在睡觉前把自己的“战场”收拾好就行。

她小的时候，很想感受下雨和下雪的感觉。有时候正好碰到下雨或者下雪的天气，别人都急匆匆往家里跑，我们反而会特地带着她跑到门口的公园，尽情地感受雨水或雪花飘下来的感觉。雨淋湿了怕什么，衣服脏了怕什么，大不了爸爸妈妈重新给她洗干净、晾干，只要她觉得幸福就行。

我们不能仅仅以一句“故意淋雨是不对的”想法，就抹杀了孩子感受自然、体验生活的快乐。

伦敦大学的科学家曾经做过一项研究，研究人员通过对5000余名1946年出生的人进行长期的跟踪调查，发现那些表示童年时被父母侵犯过隐私或自己的独立意识被父母打压的人，在他们青少年时期、30多岁、40多岁甚至60多岁时进行的总体幸福感测试中得分较低。

许多人都相信遗弃会给儿童带来一生的伤害，但对控制欲过强也会给儿童带来很大的心理伤害却不以为然。

所以，不要打着“爱”的名义控制孩子的一切，这只会让孩子觉得：他做的所有事情，在父母眼里，永远都是错的。

不要用你的标准来评价孩子的对错

一千个读者就有一千个哈姆雷特。同样的，一千个孩子，也会有一千种看待事物的态度。作为父母，我们不能以自己的标准去评价孩子们的对与错。

我想先讲一个关于“视角”的故事。

20世纪深具影响力的英国思想家罗素，在1924年来到中国四川某地。那个时候的中国，军阀割据，民不聊生。当时正值夏天，天气非常闷热。罗素和陪同他的几个人坐着两人抬的竹轿子上峨眉山。山路陡峭险峻，几名轿夫累得大汗淋漓。此情此景，罗素没有了心情观景，而是思考起几名轿夫的心情来。他想，轿夫们一定痛恨他们几个坐轿的人，这么热的天，还要让他们抬着上山。甚至他们或许正在思考：为什么自己是抬轿的人而不是坐轿的人?

到了山腰的一个小平台，罗素下了竹轿，认真地观察轿夫的表情。他看到轿夫们坐成一圈，拿出烟斗，有说有笑，丝毫没有怪怨天气和坐轿人的意思。他们还饶有兴趣地给罗素讲自己家乡的笑话，很好奇地问罗素一些外国的事情，在交谈中不时发出由衷的笑声。

后来，罗素在他的《中国人的性格》一文中讲到这个故事。而且，他因此得出结论：用自以为是的眼光看待别人的幸福是错误的。

这个故事的道理，就像我们教孩子算数。1+2=3的算法，我们大人一眼就看明白，可是三四岁的小孩子往往非要伸出十个手指头来，然后一个手指头一个手指头地慢慢数，直到算出1+2=3的结果来。很多家长针对这种情况总是很着急，对孩子说：“你这样数数太慢了，我来教你一个加法口诀，保证让你很快就得出结果来。”

这样的方法对吗？对，但不可取。孩子有自己认识事物的方式，即使这样的方式很笨拙，甚至是错误的，但那又何妨呢，他在按照自己的思维方式解决问题，就凭这一点，就已经很了不起了。我们不要以自己的标准去对孩子认识事物的方式指手画脚。

真正的“对错观”是靠孩子自己形成的

这么说，并不是说从此以后就不需要关注孩子任何观念上的对错，只看着他顺其自然发展就行了。这种放任自流的方式也是不可取的。

有的家长会问，既然管了也不对，不管也不对，那究竟应该怎么对待孩子的是非观呢？我想说的法宝，就是“好好沟通”。

当孩子在做出特定的判断之后，家长不要急着以大人的思维去指责孩子的问题，而是应该好好地跟孩子沟通，听听他对这件事情的真实想法，问问他为什么这样做。

举个具体的例子。我的女儿刚上幼儿园的一段时间里，对幼儿园的饮食不太习惯，所以我一般会在接她放学时，先给她带一小包点心或者一块面包，让她在公园玩儿的时候可以先垫一下肚子。有一天，我接她放学回来，坐在公园里的小河边玩耍，这时走过来一个两岁的小女孩热情地冲我女儿咧着嘴巴笑，可是女儿只顾独自拿着饼干吃，并没有想到要与小朋友分享。我看了她一会儿，见她没反应，便对她说：“小妹妹那么喜欢你，你是不是也应该表示一下友好啊！”说完，我还特意笑着指了指她手里的饼干。

结果女儿竟然说了一句：“可是小妹妹手里没有好吃的啊！”

“小妹妹没有好吃的，跟你表示友好有什么关系吗？”我接着追问。

“那她就不能跟我一起分享了呀！”

“原来是这样。那妈妈问你，你上次来公园玩儿的时候没带吃的，晓晓妈妈有没有拿出好吃的东西跟你分享？”

“分享了。”

“那小小有没有因为你没有带好吃的，就不跟你玩儿了？”

“没有。”

“那小妹妹今天没带好吃的，你就不跟她分享，不跟她玩儿了，你觉得这样对不对？”

“不……不对。”女儿的语气明显和缓了很多。

“那你觉得应该怎么做呀？”

“我去问问妹妹吃不吃吧。”女儿自己想明白的事情，就会很快乐地去做。

等她回来，我高兴地冲她竖了竖大拇指，趁热打铁对她说：“分享是不是一件很快乐的事情？你看小妹妹多开心呀！那你下次见到小朋友，还因为她没有带零食，就不把你的好东西拿出来一起分享了吗？”

“不会！”吃着饼干的女儿显得更可爱了。

“那妈妈相信，你这么大度，以后会有更多的小朋友喜欢跟你在一起玩儿，喜欢跟你分享东西的，哪怕你出门时忘了带东西。”

我一直相信，孩子有自己判断事物的标准，他认为这件事情是对的，就有自己觉得对的理由，他认为这件事情是错的，同样也会有他认为错误的理由。我们父母要做的，不是粗暴地以自己的标准去评价他的一切行为，而是要倾听，要沟通，真正地走进孩子的世界，去看看他看待对错的标准是什么。如果真的发觉孩子的想法有不妥之处，没关系，见缝插针地顺着他的思路与他进行沟通，让他反思自己关于“对错”的想法究竟合不合理。

只有他从内心接受了对与错，才能真正帮助他形成自己的是非标准。父母控制得再多，指责得再频繁，如果不能深入他的内心，不能让他心服口服地去遵守，那就不能成为他的“对错观”，充其量只是父母自己的“对错观”。

保护孩子的童心

我们小时候学过一篇语文课文，名字叫作《这不是一颗流星》，相信很多父母在上学的时候都学过。

一位妈妈带着自己的儿子去万人体育馆看黑熊表演，看到黑熊出场后，她的儿子高兴地大喊：“妈妈，要是这只熊死了，不就有熊皮了吗？”妈妈听到儿子说出这么没教养的话，非常生气，于是她大声呵斥儿子：“坐下！”结果孩子委屈地对妈妈说：“有了熊皮，不就可以给阿婆做熊皮手套了吗？”

原来，孩子曾经看到外婆红肿的手背，听说外婆的手是因为得了冻疮才那样的，所以孩子就想着给外婆戴上暖和的熊皮手套。但事实上，孩子的外婆早就已经去世了。

这是一个感人的故事，时隔这么久，我依然记得这个故事里的小男孩，想起他那颗孝顺的童心来。

同时，我也一直用故事在提醒自己：孩子有自己的对错观，请不要自以为是地用自己的标准来评价他。父母认为错误的事物，在他看来恰恰有着自己认为正确的理由。

真正的教育是“爱”，而不是“管”

我大学读的是教育学专业，当时有幸遇到了一位很有教育思想的老师，他的名字叫刘庆昌。他写过一篇教育类的文章，名字叫作《初论爱与智在教育中的统一》，内容虽然侧重于讨论学校教育中的师生关系，但里面的很多观点对家长来说也同样具有深刻的启发性。

“交往的不对等，促生了干预。干预的关怀性和策略性促成了教育。干预、关怀、策略，共同构成了教育性的内涵。教育性在人思维中转换和升华而成教育精神。具体地说，关怀性的升华是爱，策略性的升华是智，教育的内涵就是爱智统一。把爱智统一的教育精神转变成可操作的形式，就是具有可操作性的四个教育原则：以学生为目的，以人道为师道，讲究策略，统一心力。在这些教育原则支配下所开发的教育操作思路，就是爱智统一的教育方法。教育者是对教育有良好理解和操作的人。”

学校教育者在从事教育活动时需要兼顾“爱”与“智”两方面的原则，同样的，父母在教育孩子时，也应该尽量做到“爱”与“智”的升华，以孩子为教育目的，以良好的教育方式为原则，讲究策略，统一心力，引导孩子成为爱智兼备的人。

用“爱”去给孩子讲道理

在家庭教育中，父母要做到有爱的教育，有智慧的教育，而非一味地依靠“管制”的方式去命令孩子做事情。

有人说：“一种没有爱的管教或惩罚，会让孩子产生仇恨、抗拒、自卑、自怜等情绪，甚至觉得自己毫无价值，形成错误的自我认知。而用爱的方式去给孩子规则，孩子才能感受到规则是爱的一部分，才能明白这一份珍贵的亲子关系。”

的确，有时候教育孩子，父母强制性的命令远比温柔的关爱要有效得多，但只有爱才能让孩子发自内心地做出改变。下面这位母亲教育孩子的故事可以让我们更好地理解这个道理。

她的儿子上小学了。家长会上，老师说：“全班50名同学，这次数学考试你儿子排在第40名，这实在太糟了，你最好多加管教。”走出教室，她流下了眼泪。然而，当她回到家里后，却对坐在桌前的儿子说：“老师对你充满了信心。他说了，你并不是个笨孩子，只要能细心些，会超过你的同桌，这次你的同桌排在第21名。”说这话时，她发现，儿子黯淡的眼神一下子充满了光亮，沮丧的脸也一下子舒展开来。她甚至发现，从这以后，儿子温顺得让她吃惊，好像长大了许多。第二天上学时，去得比平时都要早。

“你要好好学习”的话语，很多父母都会说；“你怎么这么笨”的指责，很多父母也会脱口而出，但是这位母亲却没有这么做，她用世界上最温暖的爱去鼓励孩子“你要好好学习，一定会超过同桌”，从而让孩子产生积极的动力。

假如这位母亲在听到老师的指责之后，先狠狠地指着儿子臭骂一顿，解解气，接下来再像很多“恨铁不成钢”的父母那样，为孩子制订一份长长的学习计划书，牢牢地管控孩子，强迫孩子按照自己的要求去学习。那么第二天，她看到的很可能将会是一个垂头丧气、被动学习的“陀螺”，母亲抽一鞭，他便赶紧转一圈，母亲不抽了，他便也不转了。

案例中那位母亲温暖的教育方式值得每位父母去回想、反思自己的教育方式。试想，我们在看到孩子有让人不满意的地方时，是否动辄打骂或强行管制，让孩子被动地被我们牵着、扯着向前跑，结果孩子不堪重负却越跑越慢了呢？

爱是有智慧的爱

父母在爱孩子的过程中，其实已经对孩子进行了最有智慧的教育。不过这种爱的方式，也是有原则、有分寸的，简而言之，就是有智慧的爱。父母对这个“度”的准确把握，同样得依靠关爱，而非管制的方式。

教育有很多原则和底线，孩子超过了这个原则和底线，做父母的也要一味尊重吗？当然不是，父母也得替孩子把好原则关和底线关，用一定的方式告诉自己的孩子，行为的具体界限在哪里？什么样的事情可以让他自己去选择？什么样的事情必须得做出一定的妥协和让步？

这个方式就是有智慧的爱。什么叫有智慧的爱呢？有智慧的爱就是不娇、不纵、不溺爱，是非分明，赏罚有度。

当孩子做出了正确的行为时，主动地对孩子提出表扬，并适度奖励孩子。比如，带他去很想去的那家游乐场好好玩儿一天，告诉他：“你这件事情做得非常对，所以爸爸妈妈决定奖励你一下。”当孩子做出了错误的行为时，你可以告诉他：“这个周末本来想给你买个玩具手枪的，但是你这件事做得非常不好，给别人造成了一定的伤害，所以爸爸妈妈想了一下，暂时取消这个计划。等你真正认识到自己的错误的时候，我们相信玩具手枪会出现在你的床头。”

用爱的方式告诉孩子，行为的界限在哪里，让他自己想明白，什么样的行为会导致什么样的结果。时间久了，他就能学会为自己的行为负责任，因为他知道做错了，他会失去什么。这远比拎起棍子把他狠狠地打一顿要有效得多。

扔掉严厉的管教，做真正会爱孩子的父母，让孩子在爱的氛围中自己学会成长。

你觉得生气的事情，不一定都是孩子的错

请别把你的坏情绪发泄给孩子

我小时候，家里负担比较重，印象中的母亲总是从早到晚一刻不停地忙碌着，忙完家外忙家里，还要给我们几个孩子煮饭吃。生活的劳累会带走常人的平静和安详，所以母亲在干活累了的时候情绪就会比较烦躁，如果这时候她恰巧又不小心打碎了碗碟的话，天哪，那简直就是一场大灾难。因为母亲紧接着就会指着我们几个孩子大声斥责：“吵什么吵，碗都打碎了，还

吵啊！”

我到现在依然记得母亲愤怒的指责声，即使那个碗其实并不是因为我们的吵闹而打碎的。长大后，我自己也做了母亲，我会不断提醒自己：努力克制情绪，千万不要将自己的不良情绪转嫁给孩子。

建议父母去看看《美丽人生》这部电影。电影里有这样一个情节，二战爆发，身为犹太人的基度和儿子被纳粹分子带到集中营。但是基度却告诉儿子，这只是自己为儿子的生日准备的大惊喜。奖品是一辆真正的坦克，只要他们在游戏中能获得1000分。

年幼的孩子是相信父亲的，因为父亲演得那么逼真。在黑暗的集中营，惨象天天发生，父亲却用谎言保护了孩子幼小而纯洁的心灵。儿子以为正如父亲所说，那些被带入毒气室的同龄孩子都只是躲起来了。他们在玩儿游戏，如果被找到是要被扣分的。

学会理智地控制自己的情绪，善于将不良情绪巧妙转化为教导孩子的正能量，是父母需要选择的一门必修课。具体怎么办呢？我们可以尝试一下下面的方法。

第一，要学会冷静地看待问题和困难。

遇到问题和困难，首先要从心理上学会排解，而不是积压在心底。事实证明，积压的情绪一旦爆发出来，结果往往可能更可怕，所以我们要将不良的情绪慢慢地消化、释放掉，这样于己于人都可能避免一场“恐怖的灾难”。这里有一个小窍门，就是在嘴里默念“不要为小事烦心，日子总会过去的”。是的，日子一天天地流逝，它不会因为你的喜怒哀乐就变得缓慢或者飞逝而去，再大的困难和问题，到了明天就成了昨天的事情了，到了后天，就成了前天的事情了。没有什么过不去的坎，“水来土掩，兵来将挡”是最好的解决办法，与其发脾气，将家里变得乌烟瘴气，还不如喝一杯咖啡，想想接下来究竟该怎么办。

第二，父母可适当有点“阿Q精神”。

关于阿Q精神，学术界有很多权威的论述。黄修已教授在《中国现代文学发展史》中称这种病态特征是精神胜利病，其中有一段非常透彻又简明的论述：“这就是他的自欺欺人、自嘲、自解、而又妄自尊大、自我陶醉等种种表现。简言之，是在失败与屈辱面前，不敢正视现实，而使用虚假的胜利来在精神上实行自我安慰，自我麻醉，或者即刻忘却。例如，他挨了人家的打，便用‘儿子打老子’来安慰自己，并自认为是胜利了。”

总的来说，提到阿Q精神，大多将其定义为腐朽落后的精神特点，为世人所不耻。但我却觉得，在适当的时候，用阿Q精神自嘲一番，让自己的焦虑心情得以舒缓一下，也未尝不可。

我们父母在遇到来自工作和生活方面的压力时，不妨运用“阿Q精神胜利法”来安慰自己的情绪，比如“这个世界上有的人过得比我还惨呢，我现在还能喝着咖啡想办法，已经很不错了。”“张三家的孩子学习确实比我家孩子好，但我家孩子画画好啊，小小年纪就能画出人物轮廓了，以后努力一番，说不定还能当个画家呢，这样想想，我们家孩子也不差嘛。”

怎么样，不良情绪有时候就得靠这种“打动心灵”的方式才能彻底解决掉，依靠自我走出情绪的困境，远比听别人给你摆100条大道理要有效得多。“阿Q精神胜利法”，让我们可以带着乐观的心态去面对孩子成长中的各种问题。

第三，就情绪问题主动与孩子沟通。

在生活中从来没有对孩子发过一次脾气的妈妈，一定不存在。如果侥幸存在的话，那这位妈妈一定没有亲自去教养自己的孩子，没有机会看到孩子在成长过程中很多让你抓狂的事情：你让他好好吃饭，他偏要跑去看动画片；你告诉他爬上柜子很危险，他偏偏要自己搬个凳子踩上去。

生活中，在碰到克制不住，冲着孩子发了脾气的情况时，也不要太过分自责，以免让自己陷入坏情绪恶性循环的境地。这个时候，你不妨主动跟孩子好好沟通一番，问问孩子：“下次发生同样的事情，如果你不想让妈妈发脾气的话，应该怎么做呢？”孩子面对沟通，肯定会有一种受到尊重的感觉。在孩子跟你说话的时候，不妨与孩子再来一个“君子协定”：“今天这件事情，妈妈做得不够好，在你面前发脾气了，你可以原谅妈妈吗？下次，咱们互相监督对方好不好，看谁动不动就乱发脾气了，好不好？”

变被动为主动，既能让孩子认识到发脾气是错误的表现，又能让孩子知道自己下次应该如何做得更好，不惹父母生气，岂不是一举两得的事情。

第四，“善意的谎言”有时候也很必要。

夫妻之间发生争吵的时候，要尽可能地选择一个不让孩子听到、看到的地方，以免对他幼小的心灵产生冲击。

万一争吵的情形被孩子看到了，事后可以笑着用“善意的谎言”来安慰一下孩子受伤的心灵，比如可以说：“爸爸妈妈刚才在讨论问题，讨论的声音有点儿过大了，下次我们注意好不好？”再比如，也可以说：“刚才爸爸妈妈在做一个好玩儿的游戏呢，但是发现这个游戏其实并不好玩儿，下次不玩儿了。”

想想《美丽人生》里，那位用“善意的谎言”为孩子编织了一段美丽人生的伟大父亲。

当然，以上的这种方式恐怕只对年龄很小的孩子奏效，对大一些的孩子不妨坦诚沟通，以减少这类事情带给他们的伤害。

强势的父母容易造就顺从型的孩子

网上有位网友假设了这么一个场景。我觉得用来诠释“强势型父母”的形象，特别形象。

“爸，我朋友要过生日，我出去玩儿啦！”

“作业做完了吗？”

“做完了！”

“今天练琴了吗？”

“练了！”

“这个月你出去玩儿几次了？”

“还没有过！”

“哦。”

“那我出去啦！”

“不准。”

“好吧。”

极度强势的父母造就了一个无比顺从的孩子，这是父母的悲哀，更是孩子的悲哀。

父母不要随意“修剪”孩子的人生

我认识一个女孩，这个女孩长得算是漂亮的，家庭条件也不错，妈妈是老师，爸爸是公务员，在外人眼里，她应该算是一个幸福的女孩。可是，没有人知道，这个女孩却认为自己度过了一个极其阴郁、绝望的青春期，她甚至觉得，是自己强势的妈妈毁了这个家，毁了她的幸福。

她妈妈是那种特别强势的家长，从装修新家，到给车加油，再到生活

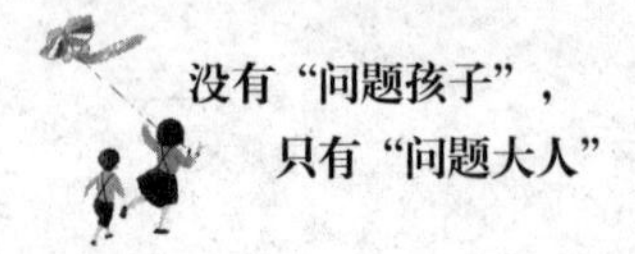

中的柴米油盐，事无巨细，她都一一包揽，一一操控，包括女孩的学业和生活，她也一并做主，没有协商的余地。女儿稍微抗议一下，这位妈妈就大声斥责女儿，还会给女孩扣上“白眼狼”“冷血动物”的标签。

现在女孩长大了，去了外地学美术，可依然摆脱不了强势母亲带给自己的阴影，表现得极度自卑和怯懦，做事情没有自己的主见，与人交流也害怕被别人嘲笑。心理医生诊断后，认为是她的母亲过于强势的养育方式，导致了女孩的心理问题。

孩子的天性应该是天真烂漫的，他喜欢以极强的好奇心去探索这个美丽的未知世界，作为父母，我们应该尊重孩子的天性，而不能一味地压制他。孩子就好比是一棵小树苗，它本来可以自由自在地生长，长成自己独特的样子，结果却遇到了太过敬业的“园艺师”——强势的父母，二话不说拿出剪刀按照自己的喜好先将孩子的旁枝“嚓嚓嚓”地剪掉一地，最后再结合自己的喜好，用绳子把枝丫扯成各种不同的形态，想让它长得更好看一些。

殊不知，在父母剪掉的旁枝中，很有可能就有孩子最为宝贵的天赋——钢琴、画画或者是其他特长。这是来到世间的“天使翅膀”，结果却硬生生地被自己的父母折断了，可怜的孩子一头栽到地上摔了个头破血流。

父母永远有着强势的理由

父母强势行为的背后，往往还带着各种“强势的理由”，不容许孩子有丝毫的反抗和不满。孩子稍有不顺从，父母就给孩子扣上“白眼狼”的大帽子。

而且，中国父母往往表现得比西方父母更为强势一些，为什么呢？这其实跟我们的传统文化有深层次的关系。

受中国几千年传统文化的影响，有些父母还一直恪守着“养儿防老”的迂腐思想，觉得生儿育女的目的，就是让自己老了能有个依靠。如果儿女不听从自己的建议，盲目去折腾自己的青春，到头来如果一事无成，自顾不暇的话，又何谈赡养父母，说不定到时候还得“啃老”呢。

现在随着经济条件的改善，父母这种“养儿防老”的思想有了一定程度的淡化。很多老人都有自己的退休金，不再指望靠儿女为自己花钱养老了。

然而，这些少了后顾之忧的父母接着又有了新的精神寄托，那就是“光宗耀祖”的面子。于是，动不动就拿自己的孩子跟邻居家的孩子比，跟亲戚家的孩子比，比比谁家的孩子学习成绩好，谁家的孩子考的大学好。好像孩子的好坏天生就有约定俗成的标准，只要用衡器一量，就能称出几斤几两来。

于是父母铆足了劲，生怕自己的孩子比不上别人的孩子，于是用各种兴趣班、辅导班塞满了孩子的业余时间，从来不问孩子究竟需不需要这些额外的关爱。时间久了，孩子的逆反心理就产生了，于是向父母表达了自己的不满，结果却遭到了父母更猛烈的压制：“你觉得爸爸妈妈辛苦挣钱容易吗，报这些班还不是为了你以后？”“你这孩子怎么就这么不识好歹呢，我们小时候想学习还没条件呢！”

于是，试图抗议的孩子变得沉默了，开始默默地忍受来自父母的压制和安排，因为他们知道，自己的反抗和沟通是徒劳的。久而久之，人生路上的所有事情——选专业、选学校、选女朋友，甚至是选自己的人生伴侣，都习惯性地去顺从父母的意思。一来以免遭到父母更为严厉的指责，二来他们确实已经丧失了为自己做主的能力。

父母的强势和孩子的顺从是一种恶性循环。父母越强势，越觉得强势的手段更直接，更有效，而习惯了接受强势的孩子，却觉得沟通是在浪费精力，也就表现得越来越顺从，越来越没有主见。

我们很少能看到强势的父母教育出了乐观自信、有主见的孩子。相反，我们看到的更多的结果是：孩子变得更加沉默，更加自卑，在世人面前仿佛永远是一副等着挨宰的“小羔羊”，等着父母不断地指导自己，扶持自己。从学业上的帮助到经济上的救助，再到婚姻生活中的“指手画脚”，这样的孩子似乎从来就没有真正长大过。

如此“顺从”的孩子，恐怕不是那些强势的父母所希望看到的结果。本来想通过自己大刀阔斧的“强势改造”，培养出一个“光宗耀祖”，让自己脸上极有光芒的家庭骄子，结果却培养出了一个只会一味顺从、一味求助的“乖宝宝”。

还是那句话，这是父母的不幸，更是孩子的不幸。

不要给孩子贴上“乖，就是好孩子”的标签

乖，就是好孩子吗？当然不是了。

但那只是理论上的答案，现实生活中，很多父母都觉得“乖就是好孩子”。孩子听话的时候，你奖励他一颗糖，孩子嘴里含着糖问你：“妈妈，你为什么奖励我一颗糖呀？”这个时候，你摸着他的小脸，笑着说：“因为你乖啊！”

你在用自己的方式告诉他：乖，就是好孩子，乖孩子才能得到父母的表扬和奖励。

我曾在网上看到过这样的一个例子，大意说的是：

一位作家妈妈总是希望自己的孩子能够听话，于是就不断给孩子灌输听话的意识，孩子也的确变得很乖。

可是，有一次幼儿园的老师打电话过来，说孩子在幼儿园尿裤子了。

作家妈妈感到很奇怪：“我孩子都那么大了，怎么还会尿裤子呢？”

她不愿相信这件事情，可是等孩子放学回家一看，果然，他的两条裤腿湿了一半。

妈妈问孩子：“宝贝，怎么尿裤子了？”

孩子：“中午吃饭的时候，老师给我们盛饭，可是我想尿尿，憋不住了就尿裤子了。”

妈妈：“想尿尿了，为什么不告诉老师啊？”

孩子：“老师说吃饭的时候不能说话，不能乱下座位，要不饭就会撒桌子上了，撒桌子上就是浪费粮食！妈妈你不是说过吗，在学校要听老师的话。”

孩子一脸虔诚，妈妈一时愣住了，心如针刺一般，强调让孩子听话，怎么都没想到会是这样的结果。

相信所有的家长都不愿意让自己的孩子“乖”到这样的地步，连最基本的是非观都来自于自己的父母——因为爸爸妈妈说这样不对，那样不对，所以我就不那样去做，我要做父母眼里的“乖孩子”。

其实，“乖就是好孩子”是父母教育的一种悲哀。“乖”的含义是听话、顺从，没有自己的主见。只听话没思想的孩子，算是一个“好孩子”吗？只顺从父母不尊重客观规律的孩子，算是一个“好孩子”吗？再者，一个表面听话背后顽劣的孩子，算是一个“好孩子”吗？

我想通过以下几点具体谈一谈我的看法。

第一，“乖”的含义得打个引号。

父母眼里的“乖”，就是孩子听话、懂事，不调皮捣蛋，不惹是生非。但是我得给这个“乖”字好好打个引号了，因为你所谓的“乖”，也许只是你看到的表象。

有一部热映的电影，叫作《七月与安生》，相信很多父母都看过。里面的安生是个放浪、不羁、自我的女生。她不按规矩办事，喜欢挑战权威，但心理脆弱又缺乏自信，害怕被别人拒绝和讨厌，总想引人注意，讨别人喜欢，却完全不懂得保护自己。而七月是文静、乖巧又安分的女孩，小家碧玉，永远的优等生，她心里有十分反叛的一面，但为了满足别人的期待，不断压抑自己。

对于安静的七月来说，谁会想到她在不想压抑自己的情况下，会举起一个重物，狠狠地砸向了消防铃。

所以，父母首先得问问自己，“乖”的含义究竟是什么，是表面看起来的温顺谦和，还是背地里的“顽劣”。请不要只关注孩子表面安分的一面，从来不走进孩子的内心，看看他那反叛的一面。一味地以一个标准来压抑他潜藏的个性。有的时候，个性越压抑，爆发起来越惊人。

第二，你真的想让孩子那么“乖”吗?

父母为什么想让自己的孩子变得那么乖?因为省事啊！面对一个乖孩子，你让他往东，他不会往西；你让他吃饭，他不会看动画片，多省事啊。

所以，父母在“省心”的情况下，第一印象就觉得“乖，就是好孩子”，乖巧的孩子养起来真的很省事。回头再看看那些“不乖”的孩子，父母不让他爬树，他偏偏去爬树；父母不让他打架，他偏偏去打架，这样的父母每天过着筋疲力尽的日子，追着自己淘气的孩子，感觉自己劳心又劳神，巴不得自己的孩子乖一点，也认准了“乖，就是好孩子”。

结果等孩子长大后需要自己在社会上独当一面的时候，父母又不希望自己的孩子那么“乖巧”了——工作时得过且过，没有远大的抱负和追求；生活方面一塌糊涂，连个女朋友也留不住；好不容易结婚了，三天一小吵两天一大吵，从自己的小家吵到了父母的大家，事事都想让父母替自己做主。

这个时候，家长又开始抱怨了：“怎么这么窝囊，连个自己的主见都没有！”抱歉啊，他本来应该有的主见和思想，在他小的时候，都被你硬生生地扼杀在摇篮里了。

如果你不是真的想要那么“乖巧”的孩子，就不要在孩子还小的时候图省事，事事都要求他听话。凡事有失必有得，有得也必有失。

有的时候，不乖的孩子也有可能成为世人眼里的好孩子。父母和老师为你指了一条路，你不喜欢它，潇洒地关上门，结果却发现了一扇更好的窗，透过这扇窗，你反而看到了更美的风景。

所以，不要动不动就给孩子灌输这样的思想：你乖，才是好孩子；你不乖，就不是好孩子。应该告诉他：你是一个好孩子，妈妈喜欢你。

第三章

爱孩子就要读懂孩子的心理世界

真正爱孩子的方式，就是要走进孩子的内心世界，去读懂孩子真正的心理世界。有的时候孩子爱撒谎，很有可能是因为你对他的惩罚过度了；有的时候孩子故意打扰你，可能是想吸引你的关注；有的时候孩子缺乏自信，可能是因为你对他的建议多过鼓励……如果你想真正地读懂孩子行为背后的真实原因，就请好好地反思一下，孩子身上出现的这些问题，是否由我们不良的教育方式导致的呢？

孩子撒谎，可能是因为你对他犯的错误反应过度

孩子最初说谎，往往是为了免于被父母惩罚。

孩子起初打碎了一个花瓶，面对父母的质问，孩子诚实地回答：“是我打碎的。”结果换来了父母的一顿指责或痛打。那么，下次，再遇到花瓶被打碎的情况，即使真的是他打碎的，他可能也会选择说：“花瓶是小猫打碎的。”既然是被小猫打碎的，那就不用受到父母的指责了。

久而久之，孩子觉得撒谎竟然可以逃避父母的责骂和痛打，慢慢就养成了撒谎的习惯。

我们先来看看下面这个案例。

2017年8月28日下午，吉安铁路派出所执勤民警接T398次列车车长报称，车上有个离家出走的男孩，希望借助民警的力量找到家。经了解，男孩名叫小季，今年13岁，家住吉水县文峰镇。小季平时比较顽皮，经常去同学家玩儿两三天都不回家。8月25日上午，小季在没有告知家长的情况下，带着6岁的妹妹和5岁的弟弟出外玩耍，一直到下午才回家。小季爸爸得知此事后，表示晚上要好好教训小季。

害怕被教训的小季，赶紧乘坐汽车辗转来到吉安火车站。因个子较小，小季随着客流一起进站乘车，前往广州、深圳，随后又乘坐T398次列车回到吉安。一路没有大人陪伴的小季，直到被发现时依然不肯回家。因为孩子不肯透露家庭信息，民警只好查看小季的背包，最终发现了他的小学毕业

照。通过照片上的信息，民警随后联系上学校校长，最终与小季的家长通上了话。

看了这个例子，父母是否应该反思这样一个问题：面对孩子犯下的错误，我们的反应是否过度了？

我很清楚地记得我们父母那一代人，被生活的重担压得对生活失去了基本的耐心和平静，面对孩子犯下的错误，不管你是故意的还是无意的，抓起来先痛骂一顿，或者痛揍一顿解解气再说。所以，那个时候的我们，面对错误的行为，总是一副噤若寒蝉的样子，生怕激怒了父母敏感的神经，换来一顿责骂。

这样的父辈教育模式让我心有余悸。我不想让我的孩子以后在犯错时也感受到我们这一代的“恐惧”心理。我希望我的孩子，能够大大方方地做自己认为对的事情，即使有一天这样的事情被证明是错误的，我也希望他能够坐下来，开诚布公地跟我聊一聊。

如果想要一个“诚实”的孩子，父母可以尝试下面的教育方法。

第一，面对孩子的错误，我们要“分别看待”。

面对孩子所犯的错，父母应该仔细地分一下类别。

简单来说，如果孩子是玩耍时无意造成的伤害，我建议的处理原则：一概不追究，因为他不是故意的，父母需提醒他下次注意即可。如果孩子主观故意，做了伤害别人的事情，我们则应该坚决地予以批评指正。

第二，时刻告诉孩子，犯错并不是可耻的事情。

人非圣贤，孰能无过。大人都免不了犯错，何况一个孩子呢？所以父母要告诉孩子的正确道理是：犯错并不可怕，真正可怕的事情是不敢正视自己的错误，动辄撒谎或者固执己见，这才是最大的错误。

我和先生在做错了事情的时候，一定会第一时间跟孩子道歉，对她说：“对不起，爸爸妈妈是不小心的，你可以原谅我们吗？”我们会用言传身教的方式告诉孩子：犯错并不可耻，勇于承认错误并且改正过来，才是正确的做法。一味地撒谎掩盖，只会让别人更加鄙视你。

我们也会经常告诉她，错了怕什么，改正过来的孩子还是好孩子。一定不要为了掩盖而撒谎，撒谎的行为远比犯错本身更可怕。如果孩子不小心打碎了一个花瓶，我会对她说：“宝贝，没事，妈妈知道你不是故意的，下次小心点可以吗？”如果我的孩子骗我说“是小猫打碎的”，我则一定会较真一番，让她知道撒谎所付出的代价远比错误本身要大得多。

第三，面对孩子的错误，不要用暴力惩罚的办法。

孩子如果在主观上犯了错，一定要让他知道自己错在哪里，为什么错了，但是在批评教育的时候一定不要用暴力惩罚的措施。

根据孩子所犯错误的轻重划分惩罚的等级，我的办法是分成三个等级。

第一个等级惩罚的办法是“面壁思过”，可以让孩子背着小手，面对着墙壁好好地反思一下自己的错误，父母可以根据实际情况自己决定时间的长短。第二个等级的惩罚办法可以采用“关屋子”的方式，让他自己到小房间里反思一下，这个时间不宜过长。第三个等级的惩罚办法可以让孩子做一些家务活儿作为惩罚，比如让孩子负责擦桌子和擦地，当然这种要求也要心平气和地和孩子协商好再执行，不宜强迫孩子去做。

总之，面对犯错的孩子切勿反应过度，吓坏了孩子，逼着让他以撒谎的方式来逃避父母的惩罚。正确的做法是，区别对待孩子的错误性质，并且实施区别性的惩罚措施。惩罚的目的是为了让孩子认识自己的错误，并且能够改正错误。

孩子故意打扰你，可能是你缺乏对他的关注

孩子故意打扰你，可能是你缺乏对他的关注

周末在家，我对着女儿来了一次“母女约定”：“妈妈负责好好地看书写文章，程程负责乖乖地玩儿你的小猪佩奇哦，如果两个小时你都可以做到好好玩儿的话，中午吃饭前，你就可以听半个小时的儿歌，或者看半个小时的动画片了。”

“好啊！”面对约定，程程总是一副很激动的样子。

然而，理想很丰满，现实很骨感。没过一会儿，程程就跑过来对我说：“妈妈，我可以用你的笔写一下吗？就一下，可不可以？”女儿特别夸张地竖起了一只小手指头。面对可爱的女儿，我妥协了。

又过了一会儿，程程爬上我的膝盖，做出一副小鸟依人的样子对我说：“妈妈，我就想让你抱我一会儿，可以吗？”我同样无奈地摇摇头，还是妥协了。

等到她第三次跑来跟我说，想让我和她做游戏的时候，我没有再妥协，而是有点儿生气地对她说：“你还想不想看动画片了？你觉得这样的表现好不好？”

看着女儿悻悻离去的身影，我其实有点儿自责。孩子其实是在用“打扰”的这种方式，吸引父母的关注，意思是说：“爸爸妈妈，你们该陪陪我了。”

生活总是很繁忙，好像永远有做不完的事情，干不完的家务活，父母把孩子从幼儿园接回家，忙着加班，忙着做饭，忙着玩儿手机，忙着打游戏。总之，总是以各种各样的理由，尽可能地想让孩子自己玩儿，最好不要过来打扰自己正在做的事情。

但是孩子就是孩子，每个孩子都希望自己的父母可以花时间陪陪自己，

这种陪伴，不是说你把他接回来，给他丢一大堆玩具让他自己安安静静地玩耍，而是要参与进来，陪他一起玩儿，一起交流。

首先，尽可能地抽出时间陪陪孩子。

如果你的孩子总是不断地打扰你的正常工作和生活，请放下你手头的工作，好好陪他玩一会儿吧。有首儿歌，叫作《爱我你就抱抱我》。

爸爸总是对我说
爸爸妈妈最爱我
我却总是搞不懂
爱是什么
爱我你就陪陪我
爱我你就亲亲我
爱我你就夸夸我
爱我你就抱抱我
爱我你就陪陪我
爱我你就亲亲我
爱我你就夸夸我
爱我你就抱抱我

词曲作者彭野说他写这首歌跟她的女儿有关。5年前，有一次他问女儿需要什么奖励时，女儿竟然回答说，"多陪我玩儿一天"。"这对我触动很大，"彭野说，"很多家长会从物质上考虑给孩子买玩具之类的，其实孩子更需要亲情，陪孩子、亲孩子、夸孩子、抱孩子，这是最廉价也是最珍贵的奖励。"

他还说，其实不止是孩子，成人、老人都需要这些，由于我们中国人比较内敛，往往不会表达自己容易做到的、能打动对方的情感。"陪、亲、夸、抱，这是爱意人性化的表达，我们要把爱转化成看得见摸得着的东西。”是的，爱的最好的表达方式就是陪伴。

其次，尽可能地陪着孩子一起做游戏。

很多父母苦于自己的孩子沉默寡言，不善言谈，跟父母一句话也不愿意交流。这样冷漠的亲子关系，一定与平时父母与孩子的相处模式有关系。这样的父母，在孩子小的时候，肯定不会趴在垫子上陪着孩子一起搭建一个“漂亮的家”，也不会用家里的纸箱或者随手拈来的道具，陪孩子一起玩儿钻房子的游戏，更不会花心思折一些漂亮的小动物陪他一起玩儿。

父母总是会给孩子买一大堆玩具，给孩子建一个大大的玩具室，然后觉得这就是爱。其实对于孩子来说，父母陪着他一起做游戏，远比他独自一人玩耍要快乐得多。

与孩子一起做游戏，是一种最为直接的亲子沟通方式。

早教专家指出，游戏在亲子关系中，主要体现为两大功能：第一，密切情感联系。由于亲子游戏以亲子之间平等的玩伴关系、亲子感情为基础，因此，亲子游戏带有明显的血缘和亲情性质，能够进一步促进亲子关系的发展，密切联系亲子间的情感。在游戏过程中的身体接触，对增进亲子关系有着很重要的作用。第二，促进情感交流。在亲子游戏中，孩子能更大程度地感受到父母的爱与关注，形成双向情感联系，有利于促进双方的情感交流，强化亲子关系，增进孩子的情商。

在游戏中，孩子把父母的角色转化为自己的同伴，可以与父母一起平等地参与到游戏中，彼此信任，彼此依靠。

最后，尽可能带着孩子一起看看外面的世界。

这里指的外面的世界，可以是国内，也可以是国外。如果条件允许，每年都抽出一定的时间带着孩子来一次全家旅行。

我与先生约定，每年都要抽时间带孩子去一个地方看一看。时间充裕的话，去一些远的地方；时间有限的话，哪怕带孩子去近郊住几天，都可以。

那几天，我们全家人在一起，共同放松身心，感受生活的美好。

旅行中，看见的美景，孩子会跟你交流；吃到的美食，孩子也会跟你分享；看到的小动物，孩子会激动地向你炫耀“妈妈，我看见鸭子了，我看见小鱼了……”

我很享受这样的陪伴时间，陪着她一起发现世界的美好，陪着她一起惊喜地尖叫。

下面，我想分享一些适合亲子互动的游戏，这些游戏能让你更好地陪伴孩子。

1.从商场买个“小货摊”。父母扮演顾客，孩子扮演商贩，一个买一个卖，孩子通过“交易”，既能与父母互动，也可以树立最初的金钱观念：天下没有免费的午餐，必须要努力挣钱，才可以换来自己想要的东西。

2.买一些手工工具。父母陪着孩子一起亲手做一些手工玩具，比如，风车、小船、青蛙，等等。孩子会很开心的。

3.买一些小积木。父母陪着孩子一起搭建一座美丽的房子，然后告诉她，你可以安排一下大家的住宿了。女儿就曾经兴奋地指着不同的房间跟我说：“这间是爸爸妈妈的，这间是我的，这间是我的熊猫的，这是我们的家。”和孩子一起亲手搭建一座漂亮的房子，想想就是一件浪漫的事情啊！

总之一句话，记得放下手头的工作和家务，留点时间好好陪孩子一起玩儿吧，相信他会越来越亲近你。

孩子缺乏自信，可能是你对他的建议多过鼓励

关于自信，有不同的解释。

美国心理学家班杜拉认为，自我效能感（自信）关心的不是某人具有什么技能，而是个体用其拥有的技能能够做些什么。自信在中文中的解释是：自己相信自己。自信在英语中的解释是：只要你在某件事情上认为自己是对的，或者认为自己能做某件事就可以拥有自信。我们很容易在两者之间找到文化差异。“自己相信自己”是一个比较模糊的概念，相信自己什么呢？需要完全的相信吗？而英语的解释则要明确一些。

正确的“自信”是什么？

就是能够“运用自己拥有的技能去做些实在的事情”，上天给予了你什么才华，你就用这些才华尽情地去发挥。

中文所解释的“自己相信自己”，有点自负。盲目地相信自己，那叫匹夫之勇，而非真正的自信。

父母应该用鼓励代替建议

从主体上来说，自信的养成，主体是孩子自己的感知，感知自己是在做着正确的事情，而且相信能够把它做好。但是，有些父母往往总是喋喋不休地建议孩子去做正确的事情。

“孩子，你应该这样做……”

“孩子，你应该那样做……”

这样的家长是建议型的家长，恨不得每件事都替孩子做出判断，让他知道什么是对的，什么是错的。久而久之，孩子的判断力在哪里，自信力又在哪里？遇到人生的任何抉择，他第一反应都是求助自己的父母，觉得父母做的决定才是正确的。

这样的孩子，是缺乏自信的孩子，而且是被父母的建议毁灭了的孩子。

与其这样，不如换个方式，鼓励他去学着自己做选择，做判断。当然，父母依然可以与孩子进行沟通，然而沟通的语气可以换成这样：

“孩子，你确定要这样做吗？”

“孩子，这样做可能会出现……的结果，你想清楚了自己决定吧。”

“你这样做，感觉对不对？你坚持认为自己对，那就去做吧。”

那么，培养孩子自信的方式有哪些呢？

第一，给出选择范围，试着让孩子去选择。

程程上幼儿园了。有一天，幼儿园老师让家长在群里选择报哪个兴趣班，我当时立即跟先生沟通了一下，认为孩子性格偏内向一点，建议她报个拉丁舞蹈班，跟着小朋友一起跳舞，说不定可以变得外向一些。

然而，先生的第一反应是，等孩子回来，我们跟她沟通一下，问问她自己的选择。我想想也是，起码尊重一下她嘛。

晚上回来，我们把几个兴趣班都给孩子罗列了一下，问她自己想选哪个班。她那段时间突然喜欢上了唱歌，动不动就哼唱一首儿歌，所以她最终选择了“合唱班”。

我们很欣慰，小小的女儿已经有了选择自己人生的能力，作为父母，我们在孩子没有触犯原则和底线的情况下，都要尽可能地尊重她的意见。

第二，告诉孩子，自己选择的结果要自己承担。

告诉孩子，你拥有选择的权利，同样的，对于自己选择的后果，也一定得承担到底。

周末我们出门，女儿坚持要背着自己的书包去商场。我们问了她一句：“你确定吗？”她想了想，点头说：“确定。”

接下来我们告诉她：“我们在商场可能要待很久，而且背着书包会很重，如果你到了商场觉得累的话，也得自己坚持把它背到底，不能指望爸爸妈妈帮你背，好吗？”女儿点了点头。

我们一般去商场，可能会逛上四五个小时。中间有几次，她觉得很累了，就自己拿下书包来歇一歇，有一次她试着向她爸爸寻求帮助，说：“我累了，你可以帮我拿一下吗？就一下。”

她爸爸直接拒绝了她，理由是“出门时是你自己坚持要背的，爸爸妈妈明确跟你说过逛街很累的”。换作以前，她可能会哭着撒娇，但现在基本上不会撒娇了，因为经过几次残酷的事实之后，她觉得父母不是在跟她开玩笑，自己选择的结果自己就要学着去承担。

第三，告诉孩子，父母支持你的决定。

在坚持原则和底线的框架下，尽量让孩子学着做决定，然后告诉孩子：“爸爸妈妈支持你的决定，想好了就大胆去做吧。”

即使孩子把这件事情做糟糕了，甚至是做错了，我们也应该支持他，起码为他的这份勇气而鼓掌。鼓完掌，再跟他好好聊聊，听听他对这个选择的看法，问问他下次面对同样的事情时会不会考虑得更加周到一些。

一个身材矮小的女孩，喜欢上了乒乓球，所有的人都认为她自身的条件不好。但是她的父亲坚持对她说：“你很优秀，真的。”这个女孩就是邓亚萍。

一个女青年考了两次研究生都落榜了，而她已经28岁了。在她纠结要不要放弃的时候，她的妈妈告诉她：“改变自己，什么时候都不晚。”这个女青年就是29岁考上北京广播学院研究生的敬一丹。

父母不要再喋喋不休地给孩子灌输那么多的建议了，不如放手让他自己去选择，去判断。父母可以站在后面，为他喝彩，给他鼓励，陪伴一个自信的孩子渐渐成长。

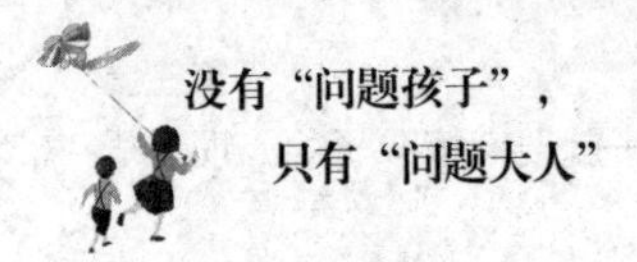

孩子很容易自卑，可能是你对他的赞扬不够

你想过没有，你的孩子自卑，很可能跟父母的教育方式有关系。你在平时的相处中，有没有多抱抱他，鼓励他，让他觉得自己是一个很棒的小孩子？

孩子最初的安全感和自信感主要来自于家庭。有的时候，自信的小孩可是靠父母夸出来的。

爱迪生小的时候曾经被他的班主任老师看成是最笨的学生，但是他的母亲却认为，老师当面骂学生“笨”，而不是正面回答学生的问题，这恰恰说明了老师自己无能。爱迪生的妈妈把他接回家，按照儿童的心理特点进行教育，并千方百计鼓励他多做各种各样的实验。爱迪生后来之所以能成为世界闻名的大发明家、大科学家，与他妈妈启发和鼓励式的教育分不开。

如果你给予孩子更多的赞扬和鼓励，说不定他也会成为一个了不起的科学家、艺术家……

下面这篇文章，是一个孩子写的关于自己妈妈的作文。我们不妨感受一下父母的赞扬究竟会对孩子的成长产生多么深刻的影响。

站在高高的领奖台上的我，笑了。走过来为我戴上勋带，拍拍我的肩膀：“孩子，你真棒！”顿时，千丝万缕的思绪涌上心头。是的，我长大了。如若没有您，又怎能有我今天的灿烂？

那一刻，回首往事，我的眼眶红了。

当我还在上小学的时候，只是一个毫不起眼的“小蜗牛”，我努力地爬啊爬，却爬不到尽头。那时的我只能当一个为英雄鼓掌的观众。

是的，这次的作文比赛我又落选了。按捺不住郁闷的情绪，我大喊了一声：“真烦！”

这时，您走了过来，抚摸着我的头，说道：“孩子，并不是你写的作文不好，而是别人的实力比你强。你也不要气馁，妈妈相信你，只要你继续努力，总有一天，会看见美丽的彩虹。”正是您的鼓励，让我又重新拾起了信心，再次从泥潭中爬了出来，向前走去……

您的鼓励犹如暴风雨后的阳光，融化了挡在我面前的冰山，给我带来光明。

还记得开家长会之后那个漫长而又短暂的夜晚吗？我忐忑不安地在家里走来走去，很害怕老师在家长会上公布语文成绩。

正当我一筹莫展之际，您开门回来了。我胆战心惊地望着您，您走了过来，拍拍我的肩膀，说道：“儿子，你的作文进步了呢！”一个笑容荡漾开来，“不管在什么时候，你都要相信自己的能力。妈妈相信你，终有一日，你的作文成绩会突飞猛进。”

就是这句话给了我足够的信心和勇气，督促我在学习的道路上努力前行，最终我成了班上的优秀生。

赞扬是可以创造奇迹的。我们不妨学习一下这位明智的母亲，面对作文屡次考砸的儿子，她尚且能够静下心来，一点一点地牵着这只“小蜗牛”往前爬，同样身为父母的我们，又有什么理由不去积极地赞扬孩子呢？

天下没有想让自己孩子自卑的父母，大多数父母都是因为教育方式过于急躁，说话做事缺乏耐心，才打击了孩子的自信心。所以父母要做的就是静下心来，慢慢地引导孩子进步与成长。

为了更好地使用“赞扬”这个教育工具，我们不妨试试下面的方法。

第一，尽量多夸夸你的孩子。

日本的一项研究表明，经常受到家长夸奖和很少受到家长夸奖的孩子，前者成才率比后者高了5倍。中国著名的童话作家郑渊洁也曾说过，对孩子要“往死里夸！”我再补充一句，夸奖时一定要具体地夸，让他感受到你的真诚和惊喜，而不是感觉你在敷衍他。

孩子开始洗手绢了，大声地夸他“你已经会洗衣服了呀！”孩子开始拿着拖把歪歪扭扭地拖地了，大声地夸他“你已经学会拖地了啊！能够帮助妈妈干活了，真了不起！”孩子学会分享的时候，大声地夸他“你懂得分享了，妈妈为你骄傲！”

在夸奖声里长大的孩子，一般要比在打击声里长大的孩子更自信。在孩子最初的学习阶段，让他获得勇于行动、永远探索的自信心，是他迈向成功的第一步。

第二，进步的孩子有奖励。

告诉孩子，他的每一次进步，爸爸妈妈都会为他感到开心。适当地买一些小礼品放在家里，等他表现好的时候，给他一个小小的“物质奖励”，让他感受到进步的喜悦。

奖励不要只流于“口头表扬”，口头表扬多了，孩子感受不到自己进步的喜悦和激动。所以，对于孩子来说，父母的“物质奖励”远比“口头奖励”要有效得多。当然，这种“物质奖励”要适度，不能让孩子成为一个物质化的人。

我家常用的表扬方式，是奖励女儿一颗颗五颜六色的小糖块。女儿进步了，我们会说：“你今天表现好，帮助妈妈干活儿了，奖励一颗小糖块吧。”女儿就很开心了。偶尔，我们会让她选择一颗自己喜欢的小糖块，颜色让她来定，女儿就更加开心了。

第三，夸奖也要有一定的前提。

夸奖的前提是，孩子做的事情是正确的、值得表扬，不能什么事情都盲目地夸赞。比如有一天，你的孩子回到家，手里拿着一个新玩具，你问他玩具从哪里得来的，他自豪地说是从公园的门口捡回来的。这个时候，作为父母就不能盲目地夸赞孩子“你真聪明，都知道捡东西回家了”。相反，你应该告诉孩子，捡到东西时，应该站在原处等失主回来还给他，或者交给警察叔叔处理，不能拿回家据为己有，这样的行为不叫“聪明”。

所以说，夸赞的前提，一定得是孩子做了正确的事情。在这个前提下，你对他的夸奖其实就是一种正向的强化刺激作用，下次遇到同样的事情，他肯定会表现得更加自信和勇敢。

第四，不要在外人面前揭孩子的“短”。

大人有面子，同样的，孩子也有自己的面子，即使再小的孩子，也不希望听到别人对自己的诋毁和嘲笑。在公开场合批评孩子，对于他的人格、自信、自尊的建立都是严重的打击，所以请给孩子留一点面子，无论你认为事情多么重要，都请维护孩子的尊严，不要随便在外面揭他的短处。

有的父母在平时聊天时，常常喜欢“谦虚”地互相揭自己孩子的“短”。别人夸奖自己的孩子有礼貌，父母的第一反应，不是对别人的夸奖道一句“谢谢”，而是会谦虚地说一句：“哪里哪里，你没看见他在家的样子，可横了。”孩子这时候如果在父母旁边的话，一定会感觉父母对他不够尊重，伤害了他的自尊心。

所以，多赞扬少批评，是每一位家长都应该反思的事情。孩子的自卑表现，一定与父母的负面指责有直接的关系。

如果你想要拥有一个自信乐观的孩子，就请不要吝啬你对他的赞扬，即使是在外人面前，也自豪地夸夸自己的孩子，维护一下孩子小小的自尊心。

孩子做事总是神神秘秘，是因为你总爱打击他

脸书的主要创始人马克·伯格分享了一组关于亲子教育的图片，列举了孩子11种不好的表现，其中有8种都是父母不好好说话造成的，其中有一条

是这样写的：

如果你的孩子总是神神秘秘的，什么都不告诉你，那是因为你总是打击他们。

“语言打击”对于一个孩子来说，有时候就是一把锋利的尖刀，割断了父母与孩子之间原本可以彼此信任的纽带。他做了一件事情，你觉得不好，张口就指责：“你看看你干的好事！”孩子不小心犯了点儿小错误，你逮住就喋喋不休：“看吧，早就告诉你不要这么做，你偏要这么做，这下知道后悔了吧！”

时间久了，他做了正确的事情，也不会告诉你，因为你会说这是应该的；他做了错误的事情，更不会告诉你，因为告诉你，除了换来一顿奚落和指责之外，得不到任何来自于父母的柔声安慰；长大后，他宁可去酒吧买醉排解烦恼，也不会选择与你面对面地说一说自己的难处。

在你眼里，孩子总是在神神秘秘地做着自己的事情，与你像隔开了一个世界。那不是孩子的错，你的频繁打击，只能让孩子逃得越来越远。

网上有个朋友分享了一段自己童年时的经历，这段经历可能会让父母反思一下，过度的打击可能会造就一个什么样的孩子。

我从小就一直处于一种物质条件还可以，但是不会有人在乎我开心不开心的状态。父母给我的所有要求就是把学习搞好。所以，在我读小学的时候，没考好就要挨骂、挨打，没考好父母就会给我最冷漠的对待；一旦考好了之后，世界瞬间就充满了笑脸和奖励，所以我觉得这和要求投资回报没什么差别。

每当我被别人误解的时候，我的父母不相信我，即便我考了全班第一，年级第一，他们仍然认为我是一个品行不端的人，所以整个初中我没有得到过一丝的温暖，从来都是他们冷眼相对。我的日记本天天被翻看，我收拾好的抽屉天天被倒出来翻查，甚至我的整个床垫都会被掀开，他们就是为了找到那些证实我品行不端的证据。我最开始愤怒，后来心寒，最后都变得麻木了。

这些在父母冰冷的打击下长大的孩子，整个世界在他们眼里都是冰冷的，这种挫败感、失落感、孤独感会伴随着他们生活的方方面面，如交友、恋爱、婚姻等。

有的父母发现孩子越长大越冷漠，于是问孩子：你为什么没有朋友？为什么不找男（女）朋友？为什么不找我们谈心？为什么这么冷漠？为什么变成了这样？

这得问父母自己，你为何一再地打击他，伤害他？为什么不给他一个春光明媚的童年？

如果我想得到一个与我无话不谈的“透明”孩子，我会尝试下面的一些方法：

第一，不做唠叨的父母。

“祸从口出”这句话很有道理。有的时候，不知道怎么跟孩子交流的情况下，先平静地听听孩子内心的想法，孩子即使说得不对，也不要急于去指责他。言多必失，也许哪句话就有可能对孩子造成伤害。

所以，我们要试着去倾听孩子的心声，取得孩子的信任，再去尝试下一步的沟通。千万别急着去打击孩子，指责孩子，这样做只会把他推得越来越远。

第二，努力成为孩子的“知心朋友”。

我经常告诉我的女儿，你有什么事情都可以跟爸爸妈妈说，我们很愿意听你说话。每次接她放学，在回来的路上，她都会像只小鸟一样，叽叽喳喳地告诉我她在幼儿园里遇到的事情，“小小被奶奶接走了，明明还没接走呢！”“妈妈，今天幼儿园下雨了，我在台阶上看到了呢！”

每每这时，我都会顺着她的话题和她好好地聊一路。在那个时候，我觉得我们俩像一对不分年龄大小，可以彼此谈心的好朋友。如果这样的状态继续下去，我想等她长大的那一天，她依然会跑过来告诉我，她生命里每一天发生的开心或者不开心的事情。

第三，告诉孩子，爸爸妈妈很爱你。

父母要经常告诉孩子：“爸爸妈妈很爱你。如果有一天，你不小心犯了错，不要离家出走，不要四处逃避，回来跟父母说一声，我们会陪着你一起去面对未来所有的困难，只要你知错了，能改正过来，依然是父母心里的好孩子。”

第四，适当给孩子留一点“小秘密”。

孩子也需要有自己的成长空间，父母需要给孩子一定的隐私空间，尊重孩子的隐私。未经他许可的情况下，不要随便翻看他的日记本，不要动辄去查他那些正在交往的好朋友，不要轻易把他告诉给你的秘密说给其他人，尊重孩子的一些小秘密。

信任是相互的，想要取得孩子对父母的信任感，首先要做的是，给孩子一定的隐私空间，允许他有一点自己的小秘密。

总之，不要觉得自己是高高在上的父母，手里总是挥舞着一条犀利的教鞭，觉得孩子哪里不对，就打击哪里。时间久了，他会离你的世界越来越远，远到即使你坐在他的对面，他也不愿意跟你多说一句话。多给他鼓励，让他总是想要靠近你，乐于与你分享成长过程中的酸甜苦辣。

孩子没有礼貌，那是因为平时你也总是这样

父母是孩子的影子，孩子的言行表现，其实是在展示自己父母的教养。父母平时的言行礼貌得体，教出来的孩子也一定会是礼貌得体的，反之，父

母平时就言语粗鲁，也就不要期待自己的孩子能够成为彬彬有礼、温文尔雅的小孩。

一个带着12岁儿子的单亲妈妈向心理咨询师发出求助，说12岁的儿子常常对自己大发脾气，甚至一言不合就会对自己大打出手。妈妈对孩子这样的行为很担心，一个12岁的孩子怎么会这样呢？经过心理咨询师的沟通和了解，真相终于揭开了。

据孩子回忆说："二年级的时候，妈妈先拿着绳子绑着我，再拿衣架打我，再拿针戳我。"妈妈也说："小时候，要规范他一个行为习惯的时候，或要他做什么事情的时候，如果我喊他，他不动我就会打他。""我会用衣架子抽他，有时候会用绳子绑他。"

原来，孩子之所以成为今天这个样子，根源在妈妈那里。"用绳子绑着""用衣架打""用针戳"，听着都不寒而栗，很难想象亲妈居然会这样对待儿子。

上面这个案例，正是父母的粗鲁、暴力行为在孩子身上的一个折射。在孩子的眼里，每当自己做错了事情，或者不遂妈妈心愿的时候，就会换来妈妈的一顿暴力，这些粗暴的方式对孩子的心灵而言，是一种巨大的伤害和冲击。父母用这样的一种方式在告诉孩子：我生气了，或者别人不遂我的心愿了，我也可以用这种暴力方式予以反击。

暴力有可能会"遗传"下去

父母一定要警惕暴力的"遗传"性，就是父母在教育孩子时，总是在不经意间想起自己小时候被父母"暴力教育"的场景，从而产生一种暴力的冲动，面对孩子的不听话行为，也像父辈那样挥手就打。

咨询师彭先生曾经接待过一名小学五年级的男生，这个男孩在学校不懂怎么正常地和同学打交道，经常打人。这个男孩还会自虐，有时砸东西，还

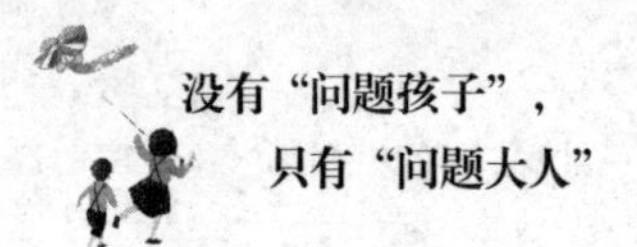

把自己的手砸得鲜血直流。给这个男孩做咨询时，彭先生发现，原来这名暴力男孩的背后有一个暴力父亲。每天回家他都有可能被父亲打——回家晚几分钟，作业做得慢点等，父亲总能找得到理由来打儿子。结果在这种不公正待遇的压抑之下，久而久之孩子的心理就发生了不正常的变化。

父母一定要警惕这种暴力行为方式的遗传，如果你们足够爱自己的孩子，就请克制自己的冲动，避免用暴力的方式去解决问题。

言传身教是最好的教育办法

不想让自己的孩子变得粗鲁，方法很简单，父母言传身教就是最好的办法。

父母平时带孩子外出时，碰到门卫室的保安师傅，热情地跟对方打一声招呼，孩子也会看在眼里，向你学习；家里来客人时，父母起身热情地为客人端茶倒水，嘘寒问暖，孩子也会看在眼里，向你学习；尊老爱幼，并不只是口头上的教育方式，父母看到老人走在路上，要主动礼让老人，看到老人需要帮忙，要主动走过去给予帮助，孩子看到你做的这些事情，慢慢地，他也能学会如何善待老人。

让他亲自感受一下被不礼貌对待的滋味

有的时候，适当让孩子感受一下自己被“不礼貌”对待的滋味，然后问问他，这种感受好不好。

我的女儿在看动画片的时候，特别投入，会跟着电视里的角色一起笑，一起哭。有的时候，大人喊她过来喝水，她根本听不见。一次、两次……次数多了，我们觉得这样下去不行，不回答别人的问话是一种非常不礼貌的行为。后来，我与先生商量后，决定采取方式去纠正她的这种行为——明确告诉她，下次你跟父母交流的时候，父母也不回应你，你自己体验一下这种感觉好不好。

这一天，看完动画片，她兴冲冲地来找我们说话，按照事先约定好的，我们装作什么都听不见，继续做自己的事情。过了一会儿，女儿忍不住了，哭着说：“我在跟你们说话呢！”我们接着说：“那你自己觉得不回答别人的问话，对不对？”女儿摇了摇头，通过这次教训，她现在也养成了积极回应别人的好习惯。

让他学会理解别人的感受

我看到过主持人夏克立和他妻子黄嘉千写的一本书，书名叫作《一生陪你做公主》。里面提到了一种教育方式，我觉得很有道理。有一天，女儿夏天从幼儿园回到家，很不开心，妈妈黄嘉千问她怎么了，夏天说小朋友没有理她。黄嘉千跟她解释说，小朋友是不是今天遇到不开心的事情了？你明天可以去幼儿园问问他。第二天，夏天主动去关心了那位小朋友，也很开心地接受了妈妈的教导：小朋友不理你，也许是因为他的心情不好。

我觉得很受启发。女儿现在从幼儿园回来，跟我分享不开心的事情，我都会用这种方式试着开导她，也许小朋友今天心情不好，他一定不是故意的。我希望我的女儿能够学着去理解别人的感受，变得温暖一些。

所以，如果你的孩子出现不礼貌的行为，那就请先反思一下自己的教育方式吧。

第四章

教育要提前做功课，不能想起来才教育

之前听过一种说法，叫作“负2岁教育”，意思是教育孩子要从孩子出生前两年开始做准备。进一步来说，就是从孩子出生前两年就要做好孕前、孕期、胎教等各方面的准备。尽管这种说法有些夸张，但也不无道理。引申来讲，就是说教育孩子不能走一步看一步，随时想起来随时再教育。

把握时机，有针对性地教育孩子

十年树木，百年树人。教育是一个漫长的过程，不是你今天想要一个乖巧礼貌的好孩子，上天就能给你派一个这样的好孩子。所有的教育都要把握时机，不能想起来就教育。

教育的时机很重要，不是你想什么时候教育孩子，就拉住孩子教育一下。教育一定要有“计划性”，针对孩子出现的问题，好好地思考一下，挑什么样的时机、场合跟他沟通最好，这些都是有讲究的。

明代文学家吕坤在《呻吟语》中指出，“卑幼有过，慎其所以责让之者”。他认为以下七种情形不宜批评孩子：

第一，“对众不责”，即不要在众人面前责备孩子。

第二，“愧悔不责”，即孩子已惭愧后悔不责备孩子。

第三，“暮夜不责”，即夜晚不责备孩子。

第四，“正饮食不责”，即吃饭时不责备孩子。

第五，“正欢庆不责”，即正在欢庆时不责备孩子。

第六，“正悲忧不责”，即正在忧伤时不责备孩子。

第七，“疾病不责”，即正在患病时不责备孩子。

所以，父母如果能在合适的时间、合适的场合、采用合适的方法教育、批评孩子，才有可能实现最佳的教育效果。

教育是双向的沟通活动，如果父母只会喋喋不休地给孩子灌输自己的教育思想，而孩子这时候心里却想着“今晚的动画片能不能顺利看得到？”教而不通，不就变成“浪费口舌”的无效教育了吗？所以，教育一定得有策略性，争取对症下药，一步到位。

我以女儿刚开始上幼儿园时出现的“焦虑症状”为例，详细讲述一下教育的“计划性”有多么重要。

女儿去幼儿园时，出现了很多孩子都会出现的“焦虑症”。为了帮助女儿顺利地度过这段“焦虑期”，我和她爸爸商量了很多次，最终制订了一份详细而周密的“教育计划书”，并且严格按照计划书的“教育方案”，耐心地陪着女儿解决了她成长中遇到的第一个难题。

下面，我就跟大家聊聊，我们是怎么陪伴女儿打跑那只住进她内心的“大灰狼”的。

第一，先全身心地陪伴孩子，让她感受到生活的美好。

在孩子哭泣的时候，伸出手来抱抱她，拍拍她，再抽时间陪陪孩子，让她感受到一些来自外界的温暖和阳光，不断地告诉她：“生活很美好。”

周末两天，我们腾出时间，制订了一份详细的踏青计划。周六带她去动物园看动物，周日带她去植物园看花草，总之，能让她觉得“生活很美好”的事情，我们都决定陪她去感受。

第二，取得孩子的信任感，你就迈出了成功的第一步。

晚上回来后，我们边给女儿洗澡，边装作若无其事的样子对她说：“周末是不是过得很开心呀？你每周一、二、三、四、五去幼儿园，接下来的六和七（我们特地用孩子能够听得懂的语言去交流，这个很关键）就不用去了耶！这两天你就可以自由自在地在家睡懒觉，还可以跟着爸爸妈妈开开心心地出去玩儿，好不好？”

效果很明显，孩子很快就明白了：原来在她的世界里，也不光只有无边无尽的“焦虑和害怕”，一到周末，还有放松和快乐的日子在等着她呢！当然，后来她很快度过了这个艰难的适应阶段，渐渐地喜欢上了幼儿园生活。

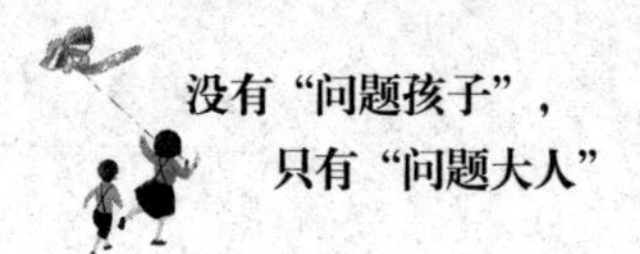

第三，用心跟孩子沟通，找到孩子心里的“大灰狼”。

只有找到病源，对症下药，才能“药到病除”。

晚上从植物园回来后，我们感觉已经取得了女儿的信任，于是趁热打铁地问她：“宝贝，你可不可以告诉爸爸妈妈，为什么害怕去幼儿园啊？”

女儿低下头，伤心地说：“我想和爸爸妈妈永远在一起。”

“原来程程害怕爸爸妈妈会离开你，不要你了，对不对？爸爸妈妈跟你说过的，我们会永远爱你，不要害怕。妈妈保证每天下午都一定会去幼儿园接你回家，向你保证，好不好？”

“你上班了呢？”原来，我们最近一直在谈论工作的事，程程心里害怕我去上班后就没人接她了。

“即使上班了，妈妈也保证每天晚上都会接你回家。妈妈和你拉勾好不好？”

“好，真的吗？”孩子破涕而笑，开心得几乎想要跳起来。

“爸爸妈妈答应你的事情就一定会做到，你想想是不是一直都是这样的？”

“是的。”

第四，跟孩子来个“君子协定”。

“那好，我们来个约定好不好？我们都做守信用的乖宝宝，从明天开始，去幼儿园的时候不可以再哭了哦，而且想上厕所的时候就大胆地告诉老师，不要再哭了，好不好？”

“好！”

“程程真棒！”我们竖起了大拇指。

经过这样的沟通之后，孩子竟然真的变得勇敢了很多，去幼儿园再也没有哭哭啼啼了。

第五，平时多锻炼孩子的“心理承受力”。

要在适当的时候，多锻炼提升一下孩子的“心理承受力”，让他的内心变得强大、强大、再强大一点。

现在有个别孩子，心理承受力比较差，父母训斥几句，一时想不开，冲动之下便选择不活了；被老师批评两句，就收拾书本离家出走了。所以，心理素质培养应当从孩子小时候抓起，平时多磨砺一下孩子的心理承受力，还是很有好处的。

以上是我和先生在教育孩子时的一些心得，最大的感受就是，教育孩子，是一场费心费力的脑力劳动，你需要选择好合适的时机、合适的场合，在孩子可以接受的范围内，才能有效地跟孩子沟通他身上存在的问题，并且能够有针对性地解决。

教育从来就不是一场“说教育就教育”的单方面训导，而是一场有计划、有策略、充满爱的双向沟通，需要你把握时机，并且用心去对待。

当面教育不可取，要在众人面前给孩子留面子

在公园，或者其他孩子聚集的公共场合，总能看到这样的情形：一个声音很高，正扯着嗓子冲自己孩子大声叫嚷的妈妈；或者是一边追着孩子，一边暴怒打骂孩子的妈妈；当然，爸爸追打孩子的情形也偶尔会碰到。

我不知道这样的父母心里是怎么想的，在那种情况下，所有的陌生人可能都是这场闹剧的看客，而闹剧的导演是父母，演员则是自己年幼的孩子，而且是被动做了大家嘲笑对象的孩子。

我曾经安慰自己，也许这些父母真的是被这些熊孩子给激怒了，不然怎么会在大庭广众之下做出这样不顾颜面的事情来。但后来仔细想了想，这样的行为还是不可取的，任何父母都不可以在公共场合这样去伤害一个年幼孩

子的自尊心。

孩子也会有自己的“面子”

孩子也需要大人在外面给他留一点面子和尊严。

教育的目的，是想让孩子成为一个各方面相对都比较优秀的孩子，我想那些追着孩子打骂的父母也同样怀着这样美好的愿望，望子成龙，望女成凤，希望拥有一个优秀的孩子。可惜恨铁不成钢，孩子在外面淘气了，丢人了，只能“给他点颜色”看看了。

事实上是，在公开场合教育孩子的父母，只会激起孩子内心的抵抗或者叛逆心理，对父母心怀一份“恨意”。试想一个对你产生了“恨意”的孩子，又怎么可能心平气和地听得进去你怒吼着骂他的话语呢？而且一个习惯了被当众羞辱的人，也许以后也会对别人的欺负逆来顺受。显然，这样的结果，与父母原本的教育目的是背道而驰的。

谁的面子更重要?

在中国，很多父母之所以在外面当众教育自己的孩子，是因为觉得孩子在外面丢了父母的脸，如果不能当众责打一下的话，害怕会让别人认为自己的孩子没有家教。

孩子抢了别人家小孩的东西，父母让孩子还回来，孩子偏不还，还拿着玩具四处跑，跟自己的父母玩起了躲猫猫。这时候，父母气急了，觉得自己的孩子太丢脸，害自己被别人看笑话。没办法，为了挽回自己的面子，只能跑上去，拽住自己的孩子，往屁股上狠揍几拳，嘴里还得夸张地喊几句：“让你不还别人的东西！让你不还别人的东西！”

这种情形很常见，父母觉得这是自己的孩子，自己想怎么样教育都可以。但在国外有些国家，父母的这种行为甚至可以够得上犯法了，严重的情况下，父母甚至还会被剥夺监护权。

张先生和妻子刚刚带着4岁的儿子移民来到纽约，张先生负责在外工作养家，而妻子则负责在家照顾孩子。有一次，妻子带儿子在曼哈顿中城买衣服时，因为儿子不听话而训斥了他，并且在商场出手拍了他后背数下，不想却被路过的白人夫妇看到并报警。随后警察将妻子逮捕，后来虽然释放，但却暂时禁止她回家接触儿子，她还被控告虐待儿童罪。

为什么会这样呢？因为纽约州的法律很严格，法律认为父母的这种行为导致儿童在心理上受到了严重的伤害。

所以，父母应该好好想一想，在外面打骂孩子，自己暂时的面子是有了，那孩子的面子呢？你要知道，他那颗受伤的自尊心是多少金钱都弥补不回来的。

孩子在外面不听话，父母应该怎么办？

第一，不要挖苦、打击孩子。

孩子如果在公共场合出现了不合适的行为举止，父母切记不可以当众挖苦他，打击他，首选的正确方式应该是蹲下来，拉着他，轻声问问他："宝贝，你刚才那样做，你自己觉得合适吗？"

用温柔的话语提醒孩子注意一下自己的言行，也许孩子很快就会停止自己的不合理行为。

第二，如果有必要，请私下给出"警告"。

如果经过你的柔声提醒，孩子依然没有收敛。这个时候，你应该进一步加重你的警告了。我的做法是，找个合适的机会告诉女儿："妈妈最后提醒你一次，你这样做不合适，如果你继续这样做的话，明天就不带你去公园了。你自己考虑清楚。"

女儿一般听到这些话，就立马认识到错误了。当然，这样的效果跟父母平时的教育有着直接的关系，在日常教育中，你起码得是一个相对"有原则"的父母，这样，孩子才会在关键时刻听你的话。

第三，请带孩子到一个隐蔽的地方去"教育"。

如果你的孩子经过上述两个步骤，还是不知收敛的话，你是时候该对他进行制止了。但是，请记住，一定要带他到一个相对隐蔽的地方，给孩子留一点面子。

进行教育时，切记，父母一定要控制好自己的音调和语气，你可以严厉批评他，但不可以点着他的头，大声冲他怒吼。有的时候，威严与声调高低并没有太大的关系。

第四，孩子在外面的行为表现，与平时家长对他的教育有关。

一般来说，孩子在公共场合的行为举止，跟父母平时在家的教育方式有很大的关系。如果父母在平时的教育中，能让孩子意识到大声叫嚷、抢夺别人玩具、欺负小朋友的行为是非常不礼貌的行为，那么我想，你的孩子在公共场合也会礼貌待人。

所以说，做父母的，与其在外面打骂自己的孩子，伤了孩子的自尊，还不如在平时的家庭教育中多花费一些精力，让孩子知道并及时收敛自己的不当言行。

在家里的行为表现好了，孩子在外面的行为自然也就表现好了。这样的教育结果，于父母和孩子而言，大家都有尊严和面子。

情绪糟糕时教育孩子，容易把情绪发泄在孩子身上

父母在教育孩子时，也要讲究合适的时机和场合。你在气头上，自己满肚子的气都没地方撒呢，这下好了，逮到孩子一顿揍，美其名曰“我是在教育孩子”，其实是在借孩子撒自己的气。

小英是小学三年级的孩子，她的妈妈是家庭主妇，爸爸是一家公司的职员。这天爸爸下班后由于工作不顺心，心情很烦闷，独自一个人坐在客厅里

抽烟，妈妈则在厨房里做饭。等饭菜做好后，妈妈便把饭菜端到客厅里的餐桌上。此时，她闻到客厅里有抽烟的味道，于是数落了小英的爸爸一句，爸爸白了妈妈一眼，狠狠地掐灭了香烟。

大家开始就餐，没吃几口饭，爸爸就抱怨饭菜不好吃，于是和妈妈起了冲突。爸爸一怒之下，丢下饭碗，摔门而去。见此情景，小英上前劝说了妈妈几句，并替爸爸辩解了几句。没想到妈妈怒火中烧："你个小屁孩儿，管那么多闲事干什么？管好你自己的学习就行了，真是瞎操心！"

小英刚想解释，没想到妈妈的另一句话堵住了她的嘴："要不是为了方便接送你上下学，我能做家庭主妇么？能这么无缘无故地受你爸爸的气么？真是个不争气的东西！"

小英挨了这么一顿骂，张口结舌，泪水涟涟。

案例中的这个母亲，把自己的坏情绪转嫁给了无辜的孩子，她倒是出了气，可是孩子的"糟糕情绪"去哪里释放呢？这样长期下去，势必会给孩子造成心理阴影，对孩子的健康成长十分不利。

所以，父母一定要管理好自己的情绪，教育孩子要有一个底线，就是父母必须要在心平气和的状态下去教育孩子。如果你实在控制不住自己的情绪，请先等一等，等你情绪稳定了再去跟孩子交流。

情绪化的教育方式不可取

在教育孩子的过程中，父母能否有效地管理自己的情绪很重要。

现实生活中，很多父母都在不由自主地以"情绪化"的方式教育着自己的孩子。自己心情好了，看着孩子什么行为都顺眼，孩子提的什么要求都会答应；自己心情不好了，看着孩子什么行为都不顺眼；孩子玩儿得开心了，嫌孩子不知道好好做作业；孩子伤心了，不去问问孩子怎么了，而是厌烦孩子"动不动就哭闹"，被哭闹烦了的话，逮着机会，会对孩子进行打骂。

时间久了，在父母情绪化的影响下，孩子也会跟着父母变得情绪化，不能理智地控制自己的情绪和脾气。高兴了，怎么都行；不高兴了，撒娇哭闹，怎么哄都不行。

如果不想让自己的孩子变得那么情绪化，父母一定要学会管理好自己的情绪。在日常生活中，工作是工作，生活是生活，孩子是孩子，千万不要将自己在生活和工作中产生的不良情绪，转嫁到无辜的孩子身上。

孩子跟着父母学会了“情绪化”

情绪对亲子关系有重要的影响，良好的情绪会让亲子关系变得更加融洽，而不良的情绪会在亲子之间制造沟通障碍。情绪有好有坏，但情绪化却不是一种良好的心理状态。许多父母在与孩子相处时都带有极强的情绪化现象。

我们经常在外面看到有些小孩动不动就发脾气，稍有不顺心的地方，就表现出特别狂躁的一面，这与父母平时的情绪化表现有很大的关系。

有个女孩说自己的舅舅是一个喜怒无常的人，脾气比较暴躁，容易情绪化。在遇到事情的时候显得特别焦虑，工作上有什么不顺心的事情都会把脾气带到家里面。所以，她的表弟小时候经常挨打。长期下来，她发现自己的表弟养成了许多不良的习惯，其中一个坏习惯就是容易情绪化，稍微有什么不顺心的事情，她的表弟就会表现得特别冲动。

这种情绪化表现，其实就是一种“情绪模仿行为”。孩子长期在父母营造的这种焦虑、情绪化的家庭氛围下成长，潜移默化地也会变得特别焦虑、敏感、情绪化。

这些问题的负面影响甚至会一直持续到孩子成年以后，极易导致孩子人格异常，人际关系困难、心理疾病高发。

修炼自己，学做情绪稳定的父母

既然情绪化这么可怕，给孩子带来的心理伤害有可能是终生的。那么，父母一定要时刻提醒自己做一个情绪稳定的爸爸或妈妈，给孩子提供一个快乐、平静的成长环境。

有这样一个故事，故事的主人公对自己的妈妈充满了感激之情，她这样说道："有一次我打开冰箱，用右手去拿大罐牛奶，结果没拿稳，手一滑，就把整罐牛奶打翻了。当时，我吓呆了，缩在墙角，因为牛奶洒了一地，妈妈可能会骂我。可是，当妈妈走过来看到眼前的景象时，却说，'哇！我从来没有看到过如此壮观的牛奶海洋，好漂亮哦！'我听妈妈这么一讲，心里就不害怕了。这时妈妈又对我说，'你好厉害哦，妈妈长这么大，都没有看到过这么漂亮的海洋耶，你愿不愿意帮妈妈一起把地上的牛奶打扫干净？'我使劲地点了点头。后来妈妈就拿着抹布、水桶等工具，带着我一起把厨房打扫了一遍，厨房很快变得干净无比。这时，妈妈又把我先前打翻的牛奶罐装满水，放进冰箱，然后教我怎么拿才不会打翻。"

我觉得这位妈妈的做法非常好。面对孩子不小心闯的祸，你痛骂他一顿，也改变不了什么，何不换一种轻松的方式，带着孩子一起收拾"残局"呢？顺便在收拾残局的时候，告诉孩子："孩子，下次你可以这样试试看，是不是更好一点呢？"相信你给了孩子这么多的宽容和温暖，孩子一定会心存感激，并且发自内心地愿意接受你的建议。

要完全做到温和与耐心，并不是一件容易的事情。但父母如果真的爱自己的孩子，就要学习如何去爱他，而不是以情绪化的方式去对待自己的孩子。如果遇到无法控制自己情绪的情况，父母也尽量不要在孩子面前表现出暴力和粗俗的行为，要知道，你的愤怒一旦爆发出来，这个可怕的场景就会一直留在孩子的脑海里，成为他成长过程中的阴影，即使经过很多年，孩子在心理上受到的这种伤害可能也无法愈合。

不要在孩子哭闹或情绪低落时教育他

孩子跟大人一样，都有情绪低落的时候。在孩子情绪低落的时候，你教育他，等于在做无用功。

我们提倡有效的教育模式，就是“传”和“受”双方一定得在一个自愿、乐意的状态下，才能达到有效的沟通和交流。否则，在孩子眼里，任何教育内容都只能是听“天书”了。

父母应该重视孩子的情绪问题，学会察言观色，了解孩子的情绪状况。在日常生活中，孩子常常会因达不到某种愿望，遇到无力处理的挫折或难以摆脱的困境而产生种种焦虑、忧愁、愤懑、羞耻和痛苦等情绪。

比如，他上幼儿园，突然到了一个新的环境里，可能会表现出极度的焦虑状况；再比如，他在学校跟别的小朋友闹得不愉快了，不良情绪无处发泄，变得郁郁寡欢……此时，父母应该及时了解孩子的情绪状况，及时予以疏导，因为这种不良的情绪状态对孩子的身心发展是极为不利的。它不但能使孩子还不健全的神经系统失调，使机体的正常功能发生紊乱，还容易导致疾病，而且也能对机体活动产生抑制作用，减弱孩子的活动兴趣和能力，使他变得厌烦、消沉，久而久之形成不良的性格特征。

所以，孩子在哭闹时，或者情绪低落时，第一时间需要的不是教育，而是理解。

我之前读过《傅雷家书》，是傅雷夫妇在1954年到1966年5月期间写给儿子傅聪和儿媳弥拉的家信，由次子傅敏编辑而成。其中一封信是写给正处于低落期的傅聪的，当时他正在国外。我摘录其中两段，与大家一起分享。

“我们并没为你前信感到什么烦恼或是不安。我在第八封信中还对你预告，这种精神消沉的情形，以后还是会有的。我是过来人，决不至于大惊小怪。你也不必为此担心，更不必硬压在肚里不告诉我们。心中的苦闷不在家信中发泄，又能到哪里去发泄呢？孩子不向父母诉苦向谁诉呢？我们不来安慰你，又该谁来安慰你呢？”

“我预料国外这几年，对你整个的人也有很大的帮助。这次来信所说的痛苦，我都理会得；我很同情，我愿意尽量安慰你、鼓励你。克利斯朵夫不是经过多少回这种情形吗？他不是一切艺术家的缩影与结晶吗？慢慢地你会养成另外一种心情对付过去的事：就是能够想到而不再惊心动魄，能够从客观的立场分析前因后果，做将来的借鉴，以免重蹈覆辙。”

我们可以从这封家书中，感受到父母面对一个情绪低落的孩子时，第一时间应该做些什么。首先要安慰孩子的情绪，给孩子爬起来的勇气。这个时候，什么多余的话都不用说，主题就两个字——理解。

如何做一个理解孩子的父母呢，我建议可以从以下几方面着手尝试一下：

第一，不要用强力压制孩子的情绪。

消除情绪的最佳方式，不是压制，而是释放。不良情绪在心里积压久了，容易对孩子的大脑、心灵和身体造成多重的打击和伤害，所以面对一个哭闹，或者情绪低落的孩子，先不要着急打骂他，而是先让孩子的情绪释放出来。

我的女儿爱哭鼻子，伤心了，她会哭；生气了，她也会哭。刚开始，我们严厉指责她这种“脆弱”的情绪表达方式，告诉她有什么事情直接说，但经过数次的教育之后，我们发现，压制她的情绪并不是一件明智的事情，我们索性让她冷静一会儿。结果发现，她自己冷静了一小会儿，竟然会笑着主动来找我们说话。

第二，对孩子的遭遇表示同情。

当孩子遇到一些不愉快的事情时，家长先不要急于去判断孩子的对与错，而是应该先要稳住孩子的情绪，对孩子表现出应有的同情，让孩子先不要那么难过。

大人其实也一样，如果你的人生遭遇了重大的挫折和困难，这个时候，那些“你要坚强”“你要努力”“从哪里跌倒了从哪里爬起来”的话语，想必你也听到过。可是，你觉得自己真正需要的，只是一场痛痛快快的倾诉，或者痛痛快快地大哭一场。等消极情绪消化完了，你知道自己也会学着爬起来继续往前走。

孩子也一样，在他最难过、最气愤的时候，需要的也许只是一个简单的拥抱或者一个亲吻，仅此而已。

第三，尝试转移孩子的注意力。

“孩子的苦恼情绪一般是由于当时特定的条件所引起的，如某种物质上和精神上的要求得不到及时满足，某些困难和挫折没有能力加以克服，受到小伙伴的欺侮或成人不合理的指责等，因而孩子的这种情绪比较短暂和不稳定，具有较大的情景性，往往能够随着条件的变化而迅速改变和消失。”

所以，面对孩子的哭闹、气愤、赌气等情绪表现时，先找个有意思的事情，暂时转移孩子的注意力。我们经常在外面碰到小孩子之间闹别扭，双方都指着对方，一副“哼，我再也不和你玩儿了”的样子，这时候，大人随便找个好玩儿的玩具吸引一下孩子，就会发现，刚才还信誓旦旦，“再也不在一起玩儿”的孩子瞬间就会拥过来，好像之前的矛盾根本就没有发生过一样。

第四，等孩子情绪稳定下来，再进行教育。

等孩子的情绪稳定下来了，父母再找合适的时机对孩子进行批评教育。

比如，孩子刚在公共场合哭闹了，等他安静下来的时候，蹲下来问问他：“自己刚才为什么哭，可以告诉妈妈吗？”然后接着问孩子：“你觉得自己刚才的表现好不好？除了哭闹，你是不是可以有更好的解决办法？”

等孩子情绪稳定的时候，他才能真正听得进去你在说什么，只有他听进去你说了什么，才有可能在下次的活动中注意自己的言行。否则，你只能是“对牛弹琴”了。

所以，为了避免做一些无用的事情，请父母一定记住，千万不要在孩子哭闹或情绪低落时教育他。

教育自家孩子，不要拿“别人家孩子”做比较

有一种孩子叫作“别人家孩子”，别人家孩子比你乖巧，别人家孩子比你优秀，别人家的孩子比你成功……在父母的眼里，别人家孩子有无穷无尽的优点和闪光之处，相比之下，自己家的孩子可就“逊色”多了。这是很多中国父母的普遍心理，总觉得自己家孩子永远不如别人家的孩子，自己家的孩子要学习的地方还有很多……

可是父母，你们知不知道，恰恰是你们这种动辄就拿自己孩子跟别人家孩子比较的做法，严重伤害了孩子的自尊心。因为在这种比较教育方式的影响下，孩子从小接受的观念就是“我永远比不上别人家孩子的优秀”，时间久了，孩子会变得很自卑，很压抑。

父母为什么喜欢拿“别人家的孩子”做比较呢？

我们先来看一下美国斯坦福大学教授班杜拉（Bandura）的“模仿实验”，也许借由班杜拉的这个小实验，我们可以窥见父母喜欢拿“别人家孩子”与自己孩子做比较这一行为背后的“小心思”吧。

班杜拉曾经做过一个小实验。他让三组儿童分别观看一段影片：前半段是一个成年人正在对一个人形玩偶拳打脚踢，但在后半段中，A组儿童看到的是这个成年人受到惩罚；B组儿童看到这个成年人得到奖励；C组儿童则没

看到成年人有好的或坏的结局。影片看完后，实验者分别把这些孩子带到一个房间里，房间里有很多玩具，还有一个橡皮假人摆在中间显眼处，然后让孩子自己在房间玩耍。结果发现，A组儿童对橡皮假人表现粗暴行为的次数最少，B组最多，C组居中。班杜拉根据该实验提出了社会学习论，认为“学习者在社会情境中，会经由观察别人行为的表现方式，以及行为的后果（奖励或处罚），间接学习到是否要表现某一个行为。”间接学习的过程称为模仿(modeling)，而模仿的对象则称之为楷模（model）。

也就是说，我们往往会把“模仿”当作一个学习的过程。在父母眼里，自己如果没有更好的教育方式去引导孩子变得更加优秀的话，就会潜意识地想为孩子树立一个学习的“楷模”，以便让孩子根据这个楷模的样子去学习，从而让他变得更优秀。

喜欢拿“别人家孩子”做比较的父母往往都不自信

如果剖析得更深入一些的话，我认为那些总喜欢拿别人家孩子去做比较的父母，往往对自己的教育方式都表现得不够自信，一方面，他们不知道该采取哪些更好的教育方式去改变自己的孩子，另一方面，他们又对自己孩子抱有“望子成龙，望女成凤”的高期待心理，所以在“病急乱投医”的状况下，这些不自信的父母则会通过“楷模的感染力”，来间接地影响自己孩子的行为模式。对于父母而言，这实在是一个既省时又省力的好办法。

但理想的确都很丰满，现实却往往都很骨感，你想要让自己的孩子去学习“别人家孩子”的优秀行为，结果却给自己家的孩子带来了沉重的心理负担，让孩子觉得，在父母眼里，他永远是那个不合格的孩子。

所以，不要总把“别人家孩子”挂在嘴上了，你拿孩子比较得越多，就越说明你是一个不自信的父亲或母亲。

在“别人家孩子”的阴影下长大的孩子是什么样子的?

就我自己而言，我自己也曾经被父母拿着跟“别人家孩子”比较过，也曾是有些父母眼里的“别人家孩子”，但到目前为止，我觉得自己并没有受到太大的心理伤害。我很庆幸自己的父母没有那么偏执地想要为我树立一个学习的“楷模”，没有偏执地处处要拿我的表现去与别人家孩子做比较，不然依照我的性格，肯定早已伤痕累累了。

在我的成长过程中，我很感激父母，他们对我的肯定和鼓励要远远多于对我的批评和教训，也许正因为他们对我的肯定和理解，所以，为了更好地报答父母的理解和支持，我才更愿意积极主动地去为未来奔跑和努力，从不需要别人在后面追赶或者施压。我也想把这种积极正向的能量传递给我的女儿，我想告诉她：在爸爸妈妈的眼里，你永远都是独一无二的天使，在以后的日子里，你只需要努力地活出自己的精彩，就足够了。

但有位朋友说，他从小的生活就是被这么无情地“比较”过来的。

“看看你表弟，比你小一岁还和你上同一年级；看看你表弟，字比你写得好看；看看你表弟，数学题算得这么快，还准确；看看你表弟，初中、高中上的都是市里最好的学校；看看你表弟，第一年就考上了不错的大学；看看你表弟，考研的学校比你的强这么多；看看你表弟，长得瘦长清秀，乒乓球打得也好；看看你表弟，会弹吉他，你什么都不会；看看你表弟，PPT做得多精致，电脑用得多好，再看看你，就会玩儿游戏……但是，爸爸妈妈很明显忘记了——我高中时期就获得过国家电子设计大赛的三等奖；忘记了我大学期间自己开发的软件获得了专利；忘记了我计算机二级C、二级C++、二级JAVA、三级数据库的证全考到手了。我知道父母拿我与表弟做比较，并不是因为父母有多讨厌我，但是他们这么做，的确让我反感了整整20年。至于我们兄弟俩的关系呢，你们都能想象得到吧？”

我们只是看一下这样的描述，都会替这位朋友觉得身心疲惫。从小到大，无论他表现得多么优秀，在父母的眼里永远都有着不如表弟的地方。这对一个孩子而言，是多么沉重的打击呀！我相信，我们身边还有很多像这位朋友一样的孩子，在他们成长的岁月里，永远被别人家孩子比得一文不值，即使他们一直在努力地奔跑着，可依然被笼罩在自卑的阴影里无法自拔。

这些被“别人家孩子”比下去的小孩，他们自卑敏感，而又伤痕累累，相信这样的悲剧，也一定不是父母当初拿他跟“别人家孩子”去比较的初衷。父母应该学会多关注孩子的优点与长处，多夸赞自己的孩子，他身上有那么多的闪光点，你只要用心去看看，就会发现他的独特之处。

避免在孩子吃饭时和睡觉前进行教育

对于一个家庭而言，最温馨的时刻，莫过于就餐时和睡觉时。如果选择在孩子吃饭时，或者睡觉前进行批评教育，一方面对孩子的心情会有负面影响，另一方面，还会影响孩子的就餐和睡眠质量，会对他的身体造成一定的伤害。所以，明智的父母，绝对不会在孩子吃饭时，或者睡觉前对他进行教育。

吃饭本来就是一种美好的享受。如果你在吃饭时教育孩子，会让孩子吃饭没胃口，而且他很有可能会为了躲避你的教育而匆匆忙忙地吃几口饭就离开餐桌。

同样，睡觉也是一种美好的享受。临睡前，我们应该给孩子讲讲睡前故事，亲亲孩子、抱抱孩子，给孩子营造一个温馨的睡前环境。我们常说，“日有所思，夜有所梦”，试想，如果你在孩子进入梦乡前，狠狠地把他批评教育一通，让他带着“噩梦”去睡觉，他能够睡得香吗?

古人云，“食不言，寝不语”，意思是吃饭的时候不要说话，睡觉的时候也不要说话，尽量保持安静，这是有一定的道理的。当然，我们现代人吃饭，不可能做到吃饭时一句话都不说，睡觉时也一句话都不说，但我们可以选择说一些积极的、温馨的话语，营造一下美好的生活氛围，而不是将吃饭和睡觉变成一场“批判会”。

有的父母说，平时各忙各的事情，白天上班的上班、上学的上学，只有在晚上吃饭和睡觉的时候，大家才碰到一起，如果什么话题都不聊一聊，那也实在太浪费这样美好的时光了。

那么，父母究竟该如何利用大家吃饭、睡觉的时间进行亲子沟通呢?

第一，我们先聊聊餐桌上的“亲子沟通”。

围着餐桌吃饭时，我们可以趁机与孩子聊聊天，问问孩子这一天在学校里过得好不好，有没有遇到什么不开心的事情。中国人习惯在餐桌上聊天，父母也可以趁机拉近一下与孩子之间的关系。

当然，餐桌上聊天一定要注意两个原则：

1.父母应该“多倾听少说话”。

聊天时，父母应该把握一个原则，那就是“多倾听少说话”。父母应该多听听孩子的心声，让孩子主动告诉你他这一天在学校的经历和心情。这样的对话，一方面可以让孩子充分地信任自己的父母，愿意把父母当作自己可以谈心的“知心朋友”，另一方面，也可以让父母趁机了解一下孩子平时在学校的感受和心情，如果孩子真有什么心理方面的困扰，父母也可以事先考虑一下，再找其他合适的机会跟孩子认真沟通一下。

2.切忌揪着“学习”这个话题不放。

“学习”问题永远是父母最关心、最想询问的事情，但你想过没有，这恰恰也是孩子最反感的问题。所以说，在温馨的就餐时间，父母心里即使再焦虑，再着急，也不应该总揪着孩子的“学习”问题问个不停，否则很容易招致孩子的反感。

万一听到孩子说自己的学习退步了，我想每位父母都会忍不住想发一顿牢骚，或者不厌其烦地鼓励孩子继续努力、努力，再努力，但这很容易让孩子感觉吃饭是一件特别压抑的事。久而久之，你再想在吃饭时间拉近与他的关系，那几乎是不可能的事情了。

所以，父母一定要时刻提醒自己注意以上两个就餐原则。千万不要因

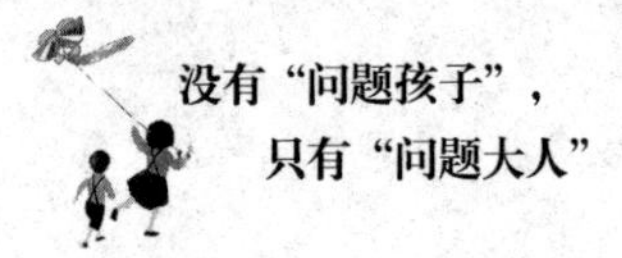

为自己的焦虑，毁了本该拉近亲子关系的温馨时刻，把“美梦”变成一场“噩梦”。

第二，我们再聊聊睡觉前的温馨时刻。

提到睡觉前的温馨时刻，想必所有的父母都不陌生。一般的家庭，在孩子很小的时候，都会在孩子每天晚上睡觉前，给孩子洗洗澡、讲讲睡前故事。这样的场景一般都很温馨，不会出现“大煞风景”的情况。这种好的睡前习惯，父母请保持下去，只要条件允许，都要尽量做好。

在这里，我同样提两个需要重视的“睡前原则”：

1.父母能陪尽量陪，不要把孩子扔给老人。

很多父母会在孩子断了奶之后，把孩子丢给自己的父母，也就是孩子的爷爷奶奶或姥姥姥爷去陪伴。

有的父母觉得自己白天上班已经很累了，如果晚上还要给孩子洗澡、讲故事，陪伴着睡觉，是一件费心的事情。甚至有的孩子半夜还需要父母起床把尿、冲奶粉等。这些琐事加起来，实在是一场需要耗费不少精力的“持久战”。

但凡事有利也有弊，在陪伴孩子入睡这件事情上，我觉得对于孩子的成长来说肯定是利大于弊的。虽然你付出了一时的艰辛，但却换来了无数个与孩子相处的机会，让孩子可以充分地信任你、爱你，不是一件非常有意义的事情吗？

我和先生从女儿出生到现在，除了遇到一些特殊的情况，我们实在分身无术之外，其余绝大部分时间，我们都选择亲自带孩子，给她洗澡、讲故事，听她开心地跟我们分享幼儿园的趣事，然后在临睡前彼此再互道一句“晚安”。

这是一件多么美好的事情啊！无论多么的苦和累，在看到孩子甜蜜地入眠的那一刻，我们感觉一切的付出都是值得的。

2.睡觉前不要提负面的事情。

无论出现什么糟糕的事情，都要尽量克制自己的情绪，不要在孩子临睡前给他带来负面情绪。

我们常说，“日有所思，夜有所梦”，还是非常有道理的。临睡前，你把这些伤心的、负面的事情一股脑全部倒给孩子，会严重影响孩子的睡眠质量。

不知道你有没有观察过孩子睡着之后的表情，睡前感觉幸福、开心的孩子，就连睡觉时的神态都是幸福的、安详的。相反，如果孩子临睡前被你批评、责骂了，他带着伤心的情绪进入了睡眠，那么他的神态一定是紧张的，不开心的。

如果你想让自己的孩子拥有一个温馨、幸福的睡眠，那么就请不要在孩子睡觉前去打扰他的“美梦”。

综上所述就是与孩子共同吃饭、睡觉时的一些教育原则，总的来说，这些温馨时刻利用得好，孩子与父母的关系将会非常融洽、和谐。否则，这些美好的时刻，对于孩子来说，就可望而不可即了。

作为父母，你想选择哪一种方式呢?

教育孩子，不能“数罪并罚”

记得有一次，女儿因为不听话而发脾气，我们决定对她实施一定的惩处措施，罚她双手背后，面壁思过10分钟。后来，我进了厨房做饭，看到她站得不端正，站在那里扭来扭去的，就说了她一句：“站得不端正，再加10分钟。”

说完，我就转身进了厨房，背后传来女儿伤心哭泣的声音。后来先生把我叫进卧室，悄悄跟我说：“同样一件事情，咱俩惩罚一次就可以了，你没必要再给她加10分钟。”我说我加的10分钟是因为她站得不端正，又不是因为她刚才发脾气，先生说：“但是同时对她‘数罪并罚’，会让她觉得咱们是在敌视她，不喜欢她，本来就对惩罚带着怨气呢，如果再罚上加罚的情况下，她那幼小的心灵能够承受得了吗？所以，下次她出现错误行为的时候，咱俩不要再罚上加罚了可以吗？”

后来我认真想了想，先生的话有一定的道理，在惩罚孩子的时候，一定要避免“数罪并罚”的现象出现，尤其不应该由父母两个人同时对她进行惩罚，这样会让她感觉父母对她的惩罚是不公正的。

所以，后来我们家里又多了一条新的教育原则，那就是孩子犯了错，绝对不会对孩子进行“数罪并罚”，免得让她觉得父母不喜欢她了。

具体来说，在这些问题上，教育孩子时我们要做到以下几点：

第一，不能总揭孩子的“老底”和“伤疤”。

孩子之前犯的错误，或者做的糗事，过去了便过去了，父母不要总在孩子面前提起来。提得次数多了，孩子有可能会对自我产生否定的情绪，容易变得自卑。

比如对待孩子小时候尿床的问题，父母千万别每次大惊小怪地说：“你怎么又尿床了？”“都这么大了，还尿床，你羞不羞啊？”这些被父母反复提及的糗事，会对孩子的成长造成很大的影响，让他觉得尿床是一件很丢脸的事情，结果心里越紧张越担心，尿床的现象反而更严重了。

曾经看到过这样一个故事，就与儿时父母对她“尿床”的行为反复指责有着直接的关系。

一位年近40岁的单身女士，生活一直不如意，还患上了严重的抑郁症。这到底是怎么回事呢？原来，这一切和她5岁时一次偶然的尿床有很大关系。

当时，5岁的她尿床了，这本来是一次偶发事件，但是身为老师的父母却因为这件事批评了她，这让她感到非常羞愧。第二天晚上，她很担心自己再次尿床，想不到高度紧张之下果然再次尿床了，从此恶性循环便开始了……

父母越是严厉责备她、惩罚她，她尿床的现象越是严重。自此，她正常的生活被打乱了，自信没有了，长大后也不敢读寄宿学校，成年后甚至连男朋友都不敢谈……

所以，在遇到孩子出现毛病和问题时，父母应该保持淡定的心态，要学会安慰孩子，理解孩子，告诉他“这种行为实在是太正常了”。一般而言，父母的态度越淡定、越轻松，孩子的问题就越容易“翻篇”。相反，如果父母总是揪着孩子的“老底”不放，见一次说一次，那么孩子本来没什么大问题，结果因为害怕父母的指责反倒容易产生大问题。

所以，父母要极力克制自己的情绪，不要反复去揭孩子的“老底”和“伤疤”，以免给孩子留下严重的心理阴影。

第二，不能新账旧账一起算。

有个网友诉苦说：“我妈属于极其爱翻旧账的类型，只要我做错过一件事，比如考试失败，那么这个阴影绝对会伴随我很长时间，因为只要我再做出不合她心意的其他事情，她就会把我所有犯过的错全部罗列出来，让我知道自己有多差劲，因此我越来越没信心。我都不敢想象我以后有了孩子该怎么教育，因为我觉得自己做什么都会有各种各样的毛病，还是趁早不要孩子好了。”

父母喜欢算旧账，有可能是内心自卑的表现。你越喜欢在孩子面前翻旧账，就越说明你的内心很脆弱，需要用反复翻旧账的方式来掩盖自己内心底气的不足。

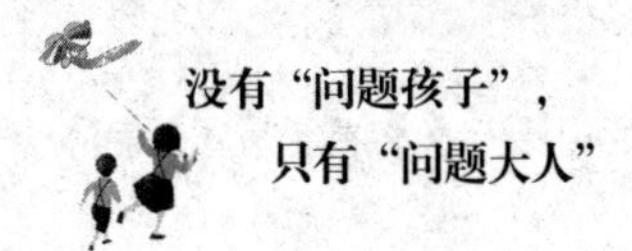

另外一方面，父母喜欢翻旧账，还可能是他想在孩子或者外人面前宣扬自己的权威，通过翻旧账的方式，给自己找寻一种“自己正确，自己权威”的感觉。如果父母真想找寻这种倾听对象的话，实在没有比在他们眼里处处“矮一截”的孩子更合适的了。因此，父母翻旧账的对象，往往都是自己的孩子。而且父母翻的旧账越多，他们获得的权威感就越强烈。

但是，父母别忘了一点，你自己的权威是有了，快感也有了，但孩子的自尊和面子呢?

第三，最好一个唱“白脸”，一个唱“红脸”。

父母教育孩子时，最好一个唱“白脸”，一个唱“红脸”，共同帮助孩子解决出现的问题，但有一个前提，那就是不能互相拆台，互相指责对方的教育方法不正确。在孩子面前，父母一定要保持一致的教育理念，让孩子能够有效地接收到父母的教育理念。

电视剧《父母爱情》里，梅婷饰演的“安杰”生了5个孩子，带孩子累了，就免不了冲着孩子发一顿牢骚。她特别喜欢责骂孩子，形象地扮演了一个“虎妈”的角色。另一边，她的丈夫江德福则相对比较民主、和蔼一些，他遇到孩子被自己老婆责骂的情形时，首先站在老婆的立场上训斥一下孩子，然后再在孩子面前扮演一个唱“红脸”的角色，给孩子找一个可以下来的台阶，从而顺利地取得了孩子的信任。

我觉得这种父母相互配合的教育方式很好，一方面可以通过严厉的指责让孩子认识到自己身上的错误，另一方面又通过温柔的方式，给孩子找一个合适的台阶，维护孩子的面子，从而让孩子心服口服地接受父母的教诲。

所以，父母在教育孩子时，一定要讲究合适的策略、方法，切忌“数罪并罚”，也不要总去揭孩子的“老底”，翻孩子的“旧账”。批评孩子时，在原则一致的前提下，父母可以相互配合，这样既能让孩子认识到自己的错误，又不至于让孩子对父母过激的惩罚态度表现出强烈的逆反心理。

第五章

如何说孩子才会听，如何听孩子才肯说

每个家庭其实都有自己特定的沟通模式，不同的沟通模式会形成不同的亲子关系。如果想要孩子真正听进去父母的教育意见和方法，那就一定要学会倾听孩子的“弦外之音”，还要放下自己的身段，与孩子建立起像朋友那样的平等交流关系。除此之外，父母还要掌握一些特定的提问技巧和沟通技巧，去引导孩子表达自己内心的真实想法。

共情，是让孩子“听话”的基本前提

共情，又译作同感、同理心、投情等，是由美国心理学家卡尔·兰塞姆罗杰斯所阐述的概念。通俗地说，“共情”指的是一种能设身处地体验他人处境，从而达到感受和理解他人情感的能力。

父母在教育孩子时，共情是让孩子“听话”的基本前提。如果父母连他的真实处境都不能感同身受的话，又怎么能跟孩子进行有效的沟通？又如何能让他愿意听从父母的建议呢？

《如何说孩子才会听，怎么听孩子才肯说》一书的两位作者都是资深的儿童心理学专家，亦是儿童教育方面的实践者。这本书中有一段话就形象地谈到了“共情”——当我在难过或者受到伤害时，我最不想听到的就是建议、大道理、心理分析或者别人的看法，那样只能让我感觉更差。过分同情会让我觉得自己太可怜；提问会让我产生防范心理；最激怒我的是摆出一副高高在上的架势，说我的感受毫无道理。这时候我通常的反应就是：“算了吧，再说下去还有什么意思？”

我在网上搜索“不被父母理解的孩子有什么感受”，结果触目惊心。很多孩子在长大成人之后，选择逃离那个被称之为“噩梦”的家庭，远离家人，背着厚厚的自卑、孤独的盔甲，在异地默默地擦拭着自己的伤口。

有个网友在网上说：

“我从小就没有得到过父母的认可，这一点我非常恨他们。18岁那年，我考大学时的成绩名列全年级第二。选择专业时，爸爸非要让我学土木工程，我说我还小，想复读，等来年考一个更理想的专业，爸爸不同意，我只好作罢。然而事情并不像爸爸预期的那样顺利，由于分数不够我被调剂到了会计专业。

请所有的父母，看看孩子的心里话。他们其实没有你们想象得那么幼稚，幼稚到捏成什么样就是什么样。他们也没有你们想象得那么温顺、乖巧，即便表面上他们顺从你的强迫，在他们的内心深处也仍然会怨恨你。

从现在开始，父母应重新审视自己与孩子的沟通方式，一定会学着多体谅孩子，多理解孩子，在共情的前提下，才有资格教导孩子。

父母可以尝试下面的一些方法，做到真正的共情。

第一，学会走进孩子的世界。

要想走进孩子的世界，首先要先体会孩子的心情。当孩子遇到困难的时候，先不要急着告诉他“你应该怎么办”。孩子在难过的时候，首先需要的是父母的理解和陪伴，而不是空洞的说教和方法。

孩子在犯错的时候，先不要急着指责他是一个“坏孩子”，而是应该先问问孩子“当时是怎么想的？”“你为什么会这么做，我们想听听你的看法。”也许，孩子错误行为的背后，出发点却是好的，他只不过是好心办了坏事而已。

所以，遇到任何事情，请先走进孩子的世界，看看他第一时间的想法和需求是什么，然后再进行教育也不迟。

第二，对孩子的情感要直接表达出来。

美国人类学家爱德华·霍尔在1976年出版的《超越文化》一书中，颇有见地地提出文化具有语境性，并将语境分为高语境（High Context)与低语境(Low Context)。霍尔认为，中国、日本、阿拉伯等国家多属于高语境传播社会，而美国、瑞典、德国等国家多属于低语境传播社会。也就是说，在中国文化中，人与人的沟通讲究点到为止、言简意赅、强调心领神会。而美国文化恰恰相反，在沟通的时候强调直截了当、开门见山，把要沟通的信息都用明白无误、清晰易懂的语言传达出来，常常没有隐藏在字里行间的意义，不需要说话听声、锣鼓听音。

鉴于中国的高语境文化传统，中国的父母跟孩子之间的沟通一般都比较隐晦，讲究点到为止。我爱你，不用说出来，你自己理解就可以了；我心疼你，也不用说出来，你自己体味就可以了。但问题是，大家都这样隔着镜子看花，谁又能真正走进对方的心里呢？

所以，身处高语境文化下的中国父母，应该学习西方父母与孩子之间直接交流的方式，直接说出来，不用让孩子猜。

第三，父母有时候也可以“浪漫”一点儿。

我到现在都依然记得一件事情，那就是我的妈妈，在高考那年留给我的“浪漫”记忆。

2003年高考，恰逢非典，本来走读的我被“封闭”在了学校里。有一天，妈妈来学校看我，隔着铁门栅栏，妈妈递给我一本特别精美的相册，说让我在毕业前跟同学之间写写留言，她说她在门口听到别的家长说了这件事情。

毕业高考前的冲刺阶段，别的家长都禁止孩子买留言册，生怕自己的孩子忙着写留言没心思学习了。可是我的母亲，却特地给我送来了一份精美的留言册。直到现在，那本留言册一直保存在我的家里，每次看到它，我就想起母亲留给我的感动。

很多人问我妈，说你女儿跟你怎么无话不谈啊，我想，主要是理解吧。妈妈理解我，所以我也会更加理解自己的妈妈。

希望父母能够重视一下“共情”这个话题，有的时候你给孩子唠叨一千遍道理，却不如坐下来好好地听听孩子的心声。只有孩子信任你了，才有可能听得进去你说的任何话语。

不能用父母的感受来替代孩子的感受

孩子在小的时候，都是通过感受，而不是头脑，去跟这个世界沟通的。无论他是饿了，累了，还是难过了，都是依靠本能的感觉直接表达出来的。

孩子的感受与父母的头脑

为什么孩子的世界总是阴晴不定？得到一个小东西，他就能开心得蹦起来，玩儿上好半天，可是不一会儿，他仅仅因为做游戏输了，就会哭得一塌糊涂。

因为这就是孩子的世界，他是通过本能的感觉在搭建他自己的情绪空间。在这个空间里，他希望父母可以读得懂他的笑声和眼泪，能够通过感受与父母达成某种程度上的沟通。

然而，面对同样一件事情，父母更多地是通过头脑，而不是感受去与孩子沟通的。很简单的例子，周末带孩子去商场，他特别想要一个玩具汽车，问你可不可以买回家，但你觉得现在家里的玩具汽车已经够多了，不能见一个买一个。孩子觉得他很喜欢的东西不能跟着他一起回家了，便伤心地大哭起来。

这就是他的直接感受，得不到心爱的东西，他难过得只能依靠眼泪来发泄自己的情绪。但是父母面对这样的场景，更多的是用理智去判断这件事情的对错，然后直接告诉孩子："宝贝，家里的玩具已经够多了。这个你不能再买了。"

这样的沟通模式是不对等的。孩子在用感受跟你沟通，你却用你的理智在与他交流。交流不对等导致的直接后果，就是他依然沉浸在自己悲伤的世界里无法自拔，而你却只顾着你的理性说教。

孩子的"本我"与"自我"

1923年，弗洛伊德提出了"本我""自我"以及"超我"的概念，以解释意识和潜意识的形成和相互关系。“本我”，即完全潜意识，代表欲望，受意识遏抑；“自我”（大部分有意识）负责处理现实世界的事情；“超我”（部分有意识）是良知或内在的道德判断。

对此，弗洛伊德还有一段非常具有哲理的名言：一个在妈妈怀里受宠的孩子终生都会保持一种征服欲，那种成功的自信往往带来真正的成功。本我是马，自我是马车夫。马是驱动力，马车夫给马指引方向。自我要驾驭本我，但马可能不听话，二者就会僵持不下，直到一方屈服。

我认为，对于儿童而言，他更像是一匹马，而不是驾驭马车的马车夫。也就是说，他很难理性地驾驭好自己的方向，前面是岔路口，他本应该向左走，但右边有鲜花和蝴蝶，没办法，他忍受不了外界的诱惑，只好不由自主地驾着马车跑向了右边。这就是儿童的本能感受。

如果没有大人的干涉，他可能就毫不犹豫地一直往右边跑过去了。但这时候，父母出现了，发现孩子走了错路，第一反应就是跑过去替孩子拉住缰绳，然后拼命地把他拽回正确的道路上。可孩子不愿意，他就是想去右边看鲜花和蝴蝶，但是父母只想让他赶紧回到左边的路上，去上学或者回家。这就是沟通的错位。

明智的父母，此时应该跑过去跟孩子说：“孩子，右边的确有鲜花和蝴蝶，我很理解你想去看一看的感受，妈妈也很想陪你过去一起去呢！但是，现在时间确实很紧张，你上学快要迟到了。如果别的小朋友都到学校了，只有你一个人迟到，你会不会觉得很尴尬啊？下次有时间的话，妈妈保证陪你一起去，好不好？”

站在孩子的感受立场上，来试着跟他沟通，远比直接命令他要有效得多。即便最后孩子没有达成心愿，但最起码他也会觉得自己的感受得到了父母的尊重和理解。

要知道，他的“本我”和“自我”可是一直在打架的啊，而且在他3～4岁这个年龄段，“本我”往往更容易战胜“自我”，让他成为一匹没有马车夫驾驭的“脱缰野马”。这个时候，他需要的是安抚和沟通，而不是硬生生的马鞭和责打。

善用儿童语言去与孩子沟通

在孩子的世界里，往往有着自己特定的语言方式，比如你告诉他这个世界很复杂，有很多欺骗、拐卖、害人之心，他可能听不太明白，也不可能有更深的情感共鸣。但是，你告诉他，你是一只小白兔，外面有一些喜欢你的小狗和小猫，但同时也有一些凶恶的大灰狼，你可一定要谨慎哦。

这样说，他往往更容易理解一些。

我跟女儿反复讲“小白兔和大灰狼”的故事，这个故事让她拥有了最初的善恶感念。你跟她说好人，她理解不了，但你跟她说小白兔，她就知道是好人；你跟她说大灰狼，她就知道是坏人。

我告诉她，你一个人在外面的时候，不可以离开妈妈的视线，否则就很容易被别人抱走，再也看不到爸爸妈妈了。女儿有点似懂非懂，我接着给她举例：“你一个人的时候，遇到陌生的叔叔阿姨走过来跟你说，‘小朋友，我带你去找爸爸妈妈吧’。这时候，你千万不要跟她走，因为她有可能是一只变了形的‘大灰狼’哦。”

这样一说，她立马就有很直观的感受了，知道不能随便跟陌生人走了，因为对方很可能是一只凶恶的“大灰狼”。

孩子生病时，去医院，大夫要给她抽血、打针，她非常恐惧，刚开始表现得特别排斥。后来她爸爸跟她说：“宝贝，你知道吗？你的肚子里现在来了很多很多的‘小灰狼’，正在咬你呢！通过验血、打针、吃药，你就可以把肚子里的‘小灰狼’赶出来，好不好？勇敢一点吧，我们要打‘小灰狼’了！”

女儿现在真的很勇敢了，每次抽血时，别的小朋友哇哇大哭，她从来不哭一声，因为她觉得自己很勇敢，在打肚子里的“小灰狼”呢！同样地，吃药时，她也表现得特别棒。周围的叔叔阿姨都夸赞她勇敢，她更觉得自豪了。

现在，去医院时，女儿就会告诉我：“我要去医院，让叔叔阿姨看一下我肚子里还有多少‘小灰狼’，是不是？”我会立马竖起大拇指，对她说：“程程真棒！不怕‘小灰狼’了。”

我知道孩子总有一天会长大，“大灰狼”的故事可能永远只能留在童话故事里了，到时候，我们再也不能用“大灰狼”的故事跟她沟通了。但我们相信，只要自己有心，我们还会开发出更多的儿童语言，陪着女儿一起长大，做她永远的知心父母。

放下身段，像朋友一样与孩子交流

中国古代讲究“三纲五常”，君为臣纲、父为子纲、夫为妻纲，什么都要讲究个等级秩序。父子关系亦是如此，父即为子纲，父亲说什么，儿子就得做什么，绝不容许违背父亲的意愿行事。

这种思想对于维护封建社会的政治、伦理、道德秩序起到了重要的作用，对人们的思想产生了深远影响。即使到了现在，尽管父母与孩子之间的关系民主了许多，但有些时候父母还是免不了要站出来，对着孩子的选择指手画脚一番。

孩子听话还好，如果不听话，父母只得拿出屡试不爽的“尚方宝剑”——我是你爹，是你妈，你得听我们的话。

而对于孩子而言，他们希望“爹”和“妈”只是一种最亲近的血缘称谓，而非让孩子总是惧怕你。

有一个网友在网上分享了一段美国父母与他们的儿女交流的经验，也许对我们中国的父母会有一些启发。

这是美国的一个传统家庭。父亲保罗和母亲布伦达，育有两个女儿，现已婚，还有一个24岁的儿子达尔文，目前单身。这对父母说，“大多数美国人根本不像你在电视上看到的那么开放，我们觉得16岁前谈恋爱太早了，孩子可以和朋友一起出去玩儿，但是结婚之前不可以住在一起，我教育我的儿子，结婚前不可以有性行为，因为这是“从别人生命中夺走不属于你的东西（take something away from their life that do not belong to you， before marriage）”，我说你怎么能保证他这么做，保罗说，我不会侦查他，但是我信任我的孩子。

前不久，达尔文的表妹给他介绍了一个自己的大学朋友，于是几个年轻人一起出去打保龄球，算是认识了。结果达尔文的亲人知道后就问他这女孩怎么样，他也落落大方地说了自己的看法。我问保罗和布伦达，在美国，是否父母和孩子都能大方地说起感情的事，孩子都会如实倾诉？保罗说当然也不是，他觉得是因为自己作为父母，不会去“审判”孩子的女朋友，不会说那个女生长得如何，家庭背景如何，配不配得上我的儿子，因为这都是孩子的选择。因为没有给孩子很多压力，孩子才愿意跟父母说。

我想，这个例子可以给我们提供一些借鉴，抛开国籍不说，单纯从与孩子的交流上来看，这样的父母是真正值得孩子尊重的父母。

在与孩子的交流沟通方面，父母能够从中反思哪些道理呢？

第一，充分信任自己的孩子。

作为父母，如果想要跟孩子很好地交流，成为无话不谈的“忘年交”，首先要做的事情就是信任自己的孩子。任何时候，请给予孩子充分的信任。即使他做过让你伤心的事情，或者错误的事情，只要他改正了，你也应该毫无保留地信任他。

试想，父母与孩子之间如果连最基本的信任都没有，你还指望孩子能够把自己生活中遇到的喜怒哀乐与你交流吗？当然不会了。信任是沟通的前提，连自己孩子都不信任的父母，就别指望孩子能跟你坐下来聊聊天，说说心里话了。

如果有一天，你发现自己与孩子面对面坐着也无话可谈的时候，再后悔就来不及了。父母要记住，信任的建立是一个长久积累的过程，不是你走到他面前，轻描淡写说一句“孩子，我们信任你”就可以弥补之前所有的一切。

第二，尊重自己的孩子。

尊重孩子的人格，不要觉得他只是个小屁孩，骂几句没关系，打几下也没关系。事实是，孩子也有自尊心，遇到事情，你不愿意听他的解释和心声，动辄责骂，总是以一副家长的姿态压着他，时间久了，他就会觉得，既然你们都不够尊重我，那我也没必要与你们畅所欲言了。

前面提到的美国父亲保罗，他觉得自己的孩子之所以愿意与父母分享他的情感世界，并不是美国文化环境使然，真正的原因是父母尊重孩子的选择。

有的时候，恰恰因为父母没有给孩子过多的压力，能够真正尊重孩子的选择，孩子才愿意跟父母说出自己的心里话。这一点，其实值得所有父母深思。

第三，尽量把孩子当作独立的个体。

之前看到过一句话，说美国父母把孩子当作成人一样来教育，而我们中国父母永远把孩子当作孩子来教育。

我认为，父母既不要把孩子看作是一个小孩子，也不要把他看作是一个成年人，他就是他，一个独立的个体而已。遇到任何事情，把他当作一个独立的个体去对待，问问他的想法和感受，试着养成与他平等交流的良好习惯，千万不要把自己的感受强行施加给他。作为父母，我们没有这样的权力去随便干涉孩子的心理感受。

第四，学会跟孩子说“对不起”。

父母在与孩子相处时，不要总端着父母的架子，觉得天下只有犯错的孩子，没有犯错的父母。

你教育孩子，做错了事情，首先要跟对方说“对不起”。然而一旦你做错了事情，却总想遮遮掩掩过去，觉得说一句“对不起”有失自己的身份和面子。这是非常错误的教育方式。

其实，父母在做错事的时候，能够大大方方跟孩子说一句“对不起”，反而更容易让孩子觉得你是一个大度的父亲或母亲。同时，你也是在言传身教，做错了，就应该勇于承认错误，没必要遮遮掩掩的。

因此，与孩子交流的方式，有的时候比交流的内容更为重要。

他笑了，觉得开心了，你应该问问他，“孩子，你遇到了什么高兴事，可以跟爸爸妈妈说一说吗？”

他哭了，觉得难过了，你更应该放下身段，问问他，“孩子你怎么了？需要爸爸妈妈的帮助吗？”

他做错事情了，先不要急着发火，而应该问问他，“你能告诉我们你这样做的想法吗？爸爸妈妈觉得你这样做欠妥，可以跟我们聊一聊你当时是怎么想的吗？”

放下身段，把孩子当作一个独立的个体，与他像朋友那样彼此信任，彼此尊重，彼此可以交心。对于父母而言，这是一件值得自豪的事情，而非丢脸的事情。

给孩子安全感，孩子才愿意与父母交流

现实生活中，我们经常会碰到不愿意与父母交流的孩子，他们有什么事情都闷在自己肚子里，宁可自己难过，也不愿意与父母一起分享。这样的孩子，可能内心缺乏一定的安全感，不敢相信别人，再苦再难的事，都觉得这个世界上只有自己最可靠。

之前听到这样一个故事。有一个男孩，很小的时候被人贩子拐走了，在养父母家遭受了很多歧视和虐待，在这样的生活环境中成长到30岁。生活让他成为一个沉默寡言，不愿意与人交流的孤僻男人。即使遭受再大的委屈和痛苦，他也不会向任何人诉说自己的身世和遭遇，因为他觉得这个世界上唯一可以信任的人，永远只有他自己。

直到有一天，他遇到了深爱他的妻子，平时对他照顾得无微不至，他生平第一次感受到了来自外界的温暖和阳光。于是在结婚一年后的一天，他第一次敞开心扉，对自己的妻子诉说了埋藏在心中已久的秘密，压在心里20多年的委屈终于得以释放出来，他整个人都觉得轻松了不少。

这个故事很打动我，因为我觉得，内心再冰冷的人，也渴望能够找到一个可以充分信任的人，向他诉说自己的心事和委屈。谁都不愿意将自己的内心封闭起来，成为一个孤独的灵魂。

所以，如果你的孩子和你之间存在很大的隔阂，遇到任何事情都不愿意与你交流。那么，父母一定要好好地反思一下，自己平时在与孩子相处时有没有给予孩子足够的安全感？

首先，问问自己有没有把“不要你了”挂在嘴上。

平时在教育孩子时，有些父母可能经常会把“你再不乖，我就不要你

了”这样的话挂在嘴上。父母觉得孩子还小，自己只是吓唬吓唬他，不可能对孩子造成多大的心理伤害。其实，你错了，在孩子幼小的心里，这句话非常严重。他会觉得连父母也不是自己最为坚实的后盾，如果自己做错了事情，惹父母不高兴了，父母有可能会做出“不要他了”的举动。

这样的话，其实是在疏离你和孩子的亲密关系。让他觉得，原本可以亲密无间的亲子关系也是附带有外在条件的。渐渐地，孩子做错了事情，开始对你隐瞒；孩子在外面遇到了伤心的事情，也开始对你有所保留。因为他害怕因为自己表现不佳被父母嫌弃。

其次，问问自己，有没有给孩子营造一个民主而和谐的家庭氛围。

一个民主的家庭环境下，孩子跟父母之间是平等相处的，大家可以畅所欲言，民主交流，孩子不必担心因为一句“不合适的话语”就换来一顿训斥或拳脚。

在没有触及道德底线和文明原则的前提下，可以给孩子一定的自由，允许孩子与父母就某个话题进行畅所欲言的沟通。即使孩子说得不合适，也没关系，他有表达自己想法的权利，请不要随意剥夺孩子与父母平等交流的权利。

最后，问问自己，有没有让孩子觉得父母是爱他的。

做一个有爱的父母，能够让孩子在遇到困难和委屈的时候，第一时间想到的是你们。如果没有的话，请反思一下自己平时爱孩子的方式吧。

你觉得自己给了他一个馒头，但其实他想要的是一碗米饭。你觉得给了他丰富的物质条件，让他衣食无忧地生活着，但也许，他仅仅只想让你抽点时间好好陪陪他。

所以，爱他，就要用他能接受的方式去爱他。其实，如何让孩子变得与你无话不谈，亲密无间，最重要的一点就是让孩子觉得你是值得他信任的、可以交心的人。

如何做到这些呢？我们不妨尝试下面几个方法：

1.经常对孩子说“我爱你”。

有人说“我爱你”太肉麻了，我说不出口。如果是面对自己的孩子，那就更没法说出口了，何况，即使不说出口，我用行动表现也是一样的。这也是很多父母与孩子产生隔阂的原因，明明做了很多“伟大”的事情，却走不进孩子的心灵深处。因为孩子的心灵可能没有你想象的那么敏感，你对他的爱，他有时候是理解不了的，也感知不全的。

而说出来“我爱你”，这样的直接表达，会让孩子在交流沟通时也会变得大方、热情起来，不吝啬对自己的父母说一句“我爱你”。久而久之，他会愿意跟你交流更多的话题和事情，原因很简单，连这么肉麻的“我爱你”都能说得出口，还有什么事情是不好意思交流的呢？

2.给孩子送一些“特别的礼物”。

有的父母说，这太简单了，我们挣钱就是给孩子花的，给他买礼物不就是分内之事吗？我想说，这样的理解是错误的。礼物之所以珍贵，因为它有着自己特殊的情感意义，如果变成随处可见的日用品，那就丧失了增进情感的目的了。

我们一般不在物质上对女儿过度纵容，因此偶尔一次的礼物就显得弥足珍贵了。有一次，幼儿园的老师跟我们说，她鼓起勇气唱了一首歌，我们很开心，接她放学时，特地带她去蛋糕店让她选了自己喜欢吃的小蛋糕。女儿很高兴，我想下次，她会表现得更勇敢。

3.多说一些孩子感兴趣的话题。

平时在生活中，多说一些孩子感兴趣的话题，这样往往容易增进一些交流的空间。万事开头难，平时交流沟通时，先找些孩子感兴趣的话题，与他热情地沟通一下，拉近彼此之间的距离。久而久之，我相信你会走进孩子的心里，成为孩子愿意信任、愿意交流的说话对象。

有的父母，张口就是“作业写完了没有？”“这次考试是不是又没考好？”这样的交流方式，其实无异于“自寻死路”。因为你一张口说话，就把孩子愿意与你交流的道路彻底堵死了。

所以，给孩子足够的信任感和安全感，让孩子愿意主动与你沟通，才是建立和谐亲子关系的基础。

善于倾听孩子的弦外之音，理解孩子真实的内心

善听孩子的弦外之音，读懂孩子的心里话

不要总以为孩子还小，他再小，也有自己的一片世界。在这个小小的世界里，他是自己命运的主宰者，也希望这个世界之外的人能够理解他，尊重他。

女儿程程刚上幼儿园的时候，表现得特别焦虑，遇到什么事情都爱哭，而且一哭起来就撕心裂肺，能感觉到她是真的伤心了。

每天早上送她上学的路上总舍不得我，甚至希望我能在家工作。

女儿有点倔强，很少说一些“妈妈留下来陪我”的煽情话。但当女儿装作若无其事地问我在不在家工作时，我的内心还是挺心疼她的。因为我理解她的弦外之音，她刚去幼儿园，倍觉孤单和焦虑，心里渴望我能在家里工作，这样从心理距离上而言，她觉得我离她很近很近。

还有一次，她竟然指着她幼儿园旁边的一栋办公楼，对我说：“妈妈，你去这里上班吧。”

女儿的言外之意是：妈妈，我想让你离我近一些，我想你。

这件事情让我感觉心疼之余，也提醒我注意到一个事实，那就是孩子即使年龄小，也有说话的艺术和策略，作为父母的我们，一定要认真倾听他对我们说的每一句话，因为这些话的言外之意可能需要我们父母更深层次地去

理解和领悟。

孩子的哭泣也是一种弦外之音

如果孩子不说话，只是一直哭，那他也是有自己的弦外之音的，父母应该学着去理解他的情绪，试着走进孩子的心灵深处。

孩子哭，有很多种原因，有伤心的哭泣，有害怕的哭泣，有撒娇的哭泣，作为父母，不仅要听得懂孩子的弦外之音，也要学会听得懂孩子眼泪背后的弦外之音。

如果孩子在超市非要买某个玩具，而父母又不答应，理由是家里的玩具已经够多了。这个时候，孩子开始大哭，这种哭泣，一方面是因为自己没能得到心爱的东西，伤心得大哭，而另一方面，其实也是一种“威胁”的意思，向父母公开宣布，我要开始抗议了，看看你们答不答应给我买东西!

这时候，听懂孩子眼泪背后的弦外之音，就显得非常重要。如果孩子是伤心的大哭，你可以蹲下来安慰一下孩子，告诉他“家里的玩具已经很多了，等过一段时间你表现好的话，妈妈可以给你买一个”。如果孩子的哭泣还带有“威胁”的意思，那么父母就要警惕了，不要轻易地向孩子的哭泣妥协，不能让孩子觉得他的眼泪是万能的。如果你这次妥协了，那是在用行动告诉他：原来通过哭泣，我可以得到自己想要的东西。

如何做到善于倾听孩子的弦外之音

善于倾听孩子的弦外之音，也需要一定的技巧，父母的技巧掌握得好，那么今后在与孩子沟通时，就能起到事半功倍的效果。

下面，我就跟大家分享几个倾听技巧：

第一，父母不要想着敷衍孩子。

不要总是认为孩子的话语是幼稚的。在幼稚的语言背后，他在认真地表达自己的感受和想法，所以父母千万不要对孩子的童言稚语表现出任何的敷衍和轻视。对于孩子的话语，父母都应该从态度上予以重视，让孩子看到，父母是在认真地倾听自己说话。

我的女儿也经常说一些莫名其妙，在成人听起来很幼稚的话语，比如，“大灰狼不要来我家哦，你家在前面，往前走，还要拐一个弯呢”。她其实是在跟我说，天黑了，她有点害怕了。这个时候，我会很配合地装作惊讶的样子附和她说：“哎呀，程程真勇敢，你都敢和大灰狼说话了呀！”女儿顿时一脸自豪，她觉得妈妈理解了她的话语，并且还很欣赏她的勇敢。

第二，父母要及时回应孩子的话语。

无论何时，孩子在跟你说话的时候，你都一定要及时地回应他的话语，让他觉得父母没有无视他的存在。孩子伤心的时候，第一时间要抱抱他、拍拍他，问问他怎么了；孩子恐惧的时候，告诉他别害怕，有爸爸妈妈在身边呢。让孩子感觉到你对他的情感回应，是亲子沟通的关键一步。

即使面对一个暴怒生气的小孩，父母在转身离开的时候，也需要明确地回应孩子：因为你表现不冷静，所以爸爸妈妈需要暂时离开一会儿，而不是丢下你，彻底不理你了。

第三，努力扩大自己与孩子的“交流空间”。

传播学方面的象征性社会互动理论认为，符号意义的交换有一个前提，就是交换的双方必须要有共同的意义空间。共同的意义空间越大，双方的交流就越顺畅。其实，父母与孩子之间的沟通交流也是如此，你与孩子之间可交谈的话题越多，那么你就越有可能走进孩子的心灵深处。

因此，父母平时应该努力扩大自己与孩子的交流空间，这个交流空间可以是大家一起玩儿的某种游戏，也可以是大家一起读过的某些童话故事。总之，父母要尽可能地发掘自己与孩子共通的兴趣点和关注点，只有在这些共通的“交流空间”里，你才会发现自己能够比较轻松地听懂孩子话语背后的真实意思。

总之，倾听是一场技巧与耐心兼备的旅行。在倾听孩子弦外之音的路上，你终会发现，沟通的乐趣其实无穷无尽。

鼓励孩子与我们合作的6个技巧

亲子之间的合作，是指父母与孩子一起，共同完成一件事情。在这个过程中，双方都应该是愉悦的。

要建立愉悦的亲子合作关系，父母应该掌握一定的合作技巧，在合作中增进彼此之间的信任和情感。从这个角度而言，和谐愉悦的合作关系，也非常有助于父母跟孩子的日常沟通与交流。

亲子教育是20世纪末在美国、日本等地日渐兴起的研究父母与孩子之间的关系及其教育的一个新课题。不同于一般意义上的"家庭教育"和"儿童教育"，它强调父母与孩子在情感沟通的基础上实现双向互动，以促进婴幼儿形成健康的人格，也使父母自身素质得到不断提高。亲子教育主要通过亲子沟通、亲子活动、亲子阅读、亲子游戏等具体形式开展。

下面，我想给大家重点介绍一些能够促进孩子与父母合作的亲子互动方式，希望大家通过这些方式，能够找到适合自己建立和谐亲子关系的良好模式。

第一，与孩子一起做游戏。

平时有时间的话，多陪着孩子一起做游戏，在合作游戏的过程中，父母能够建立起与孩子的亲密关系。有的父母平时给孩子买了一屋子的玩具，但一回到家，就只顾着自己玩儿手机、忙工作，完全把孩子丢在玩具堆里，觉得自己已经给孩子创造了很好的物质条件。

其实不然，孩子拥有再多的玩具，也抵不过父母能抽出半个小时时间与他一起做一些小游戏。在亲子游戏的过程中，孩子和父母可以建立一定的默契感和亲密感，一起体验到共同完成一个目标的乐趣。对于平时工作很忙碌的父母而言，一起做游戏是一件快速恢复亲子关系的法宝。

第二，与孩子一起完成一件手工品。

条件允许的情况下，可以与孩子一起完成一件手工品，这个手工品不要求父母要具备多么高超的技能，只需行动起来，带领孩子一起完成。

我的先生为了能够带女儿一起完成手工品，特意买了一本折纸和说明书，周末的时候我们带着女儿一起折了一些青蛙和小船之类的简单手工品，女儿忙前忙后地递工具，忙得不亦乐乎，而且对自己的老爸非常崇拜。

我则利用手边可以利用的一切东西，随时随地跟她一起做点小东西出来。比如，我们一起用废旧纸箱做个小房子，再掏个小窗户，女儿可以在小房子里玩儿半天。再比如，我带她去公园，吩咐女儿拔一些狗尾巴草给我，我亲手给她编织一只小兔子。女儿拿着它，快乐得超出我的想象。

第三，带着孩子一起去野餐。

秋天或者春天的时候，找一个风和日丽的日子，带着孩子来一场野餐吧。你可以告诉孩子：咱们分工合作，爸爸妈妈做厨师，你来做小助理，帮助父母做一点力所能及的事情吧，比如，剥蒜、洗菜、递东西，让孩子做一些力所能及的家务活。

然后，在野餐开始的时候，跟孩子碰碰杯，特意夸奖孩子一下：“宝贝，这顿野餐是咱们一起完成的，庆祝一下吧！”孩子一定会很开心，庆幸自己能够拥有一次和父母一起准备野餐的浪漫经历。

第四，多用事实来跟孩子讲道理。

孩子做错了事情，不要用训斥的口气指责他说：“你怎么能这么做呢！”父母可以尝试改变一下教育方式，比如你可以换个说法：“妈妈记得跟你说过，跑的时候手里不可以拿尖尖的东西，容易戳到你。你刚才是不是拿了一支铅笔在跑……”

总之，面对孩子的错误，通过客观地陈述事实让他意识到自己的错误，远比直接斥责他的效果要好得多。通过客观地陈述事实，孩子觉得你是在跟他平等地沟通，反过来，他也会诚恳地反思自己刚才的行为是不是真的错了。

想要孩子学会自我反思，那就不要一味地斥责他，而是给他机会，让他去反思自己刚才的行为。

第五，尽力回答孩子的所有问题。

在日常沟通中，我们经常会遇到孩子问个不停的情况，我经常戏谑孩子简直就是一本活生生的《十万个为什么》。可是戏谑归戏谑，我还是建议所有的父母都能够在自己力所能及的范围内，认真地回答一下孩子向你提出的所有问题。

如果你面对孩子没完没了地提问题时，表现出厌烦或者漠视的态度，就很容易抹杀掉孩子思考问题的积极性，而且这非常不利于建立和谐、愉悦的亲子关系。试想一下，当你和别人聊天的时候，别人觉得你的问题很幼稚，对你表现出一副不愿搭理的样子，你心里会好受吗？

推己及人，自己不愿意被冷落，就不要去冷落自己的孩子。任何时候，面对孩子跟你的沟通，你都应该积极地回应他。哪怕你不懂，你也可以诚恳地告诉他，并且希望有机会大家可以一起去找答案。

除了以上这些亲子合作方式，你也可以在生活中多探索一些适合你们家庭的亲子合作方式，可以更好地建立一种和谐愉悦的亲子关系。

第六章

惩罚为什么不能解决问题

孩子犯错后，不要棍棒责打，而要采取合适的教育方式，让孩子能够积极主动地反省自身的错误之处，让孩子减少做坏事的念头，更重要的，是让孩子能够主动地承担起自己犯错误的一切后果。你要知道，粗暴的惩罚方式不仅不能达到以上这些效果，相反还可能对父母和孩子双方都造成严重的情绪和心理伤害，而且还很容易逼迫他养成撒谎的坏习惯。

当孩子犯错时，打骂并不能解决问题

当孩子犯错时，我们的目的是想让他认识到自己的错误，并且能够改正自己的错误，争取下次不要再犯。然而一味地采用打骂的手段，或许可能让他暂时认识到自己的错误，但却不一定能让他从内心里愿意改正错误。

之前提到过，有个孩子，尽管他的爸爸妈妈脾气都很暴躁，却从来都没有打过他。他长大后，各方面的表现都不错，他长大后，问自己的父母：“以前我淘气时，你们怎么就没想到打我呢？他的父母说了这样一句话：“既然说不通，打了更没用。”

我很赞成这样的观点，在“沟通”与“打骂”之间，我更倾向于沟通的观点。因为打骂尽管能让孩子暂时听话，但时间久了，孩子很可能会产生逆反心理，今后你越不让他做什么，他就偏要去做什么。因为你的惩罚，一方面伤害了他的自尊心，让他觉得你不够尊重他；另一方面，你打的次数多了，他渐渐习惯了，反而失去了教育的作用。

关于过度惩罚的阴影，我想通过下面这个女孩的讲述，让父母能够形象地感受一下这些孩子内心的真实感受。

“大约三四岁的时候，妈妈让我背拼音表。我背得并不好，背了很久都还背不下来前5个拼音。那天我们赶时间出门，我一边被打着、骂着，一边扶着门框自己穿鞋。鞋也穿不好，拼音也背不好，满脸都是鼻涕和眼泪。这好像是我最早因为学习而被打骂的记忆。

后来开始学钢琴，学过的人都知道，小孩子没有定性，要坚持下来一定是很难的。从那以后我的噩梦就开始了。无数个凌晨因为任务没有完成而坐在琴凳上眼睛酸痛地练习着，身边是拿着长长塑料尺的妈妈。错一个音就打一下，就重来，练到没有一个错误为止才可以睡觉。我也反抗过，但当时还在上幼儿园的我怎么可能是成年人的对手。被抓到之后又是一顿打，用戒尺、用铁质的晾衣杆、用巴掌。所以，那时的我经常弹着钢琴，脑子里会想着，等我以后有力气了，先把钢琴从5楼的阳台上扔下去，然后自己再跳下去。”

看了上面的例子，当女孩说出“先把钢琴从5楼的阳台上扔下去，然后自己再跳下去”的话语时，父母听到一定都很心痛。

也许，我们在体罚孩子的时候，心里的想法是，我这么做也是为了你好。但这种所谓的“好”，恰恰是很多孩子童年的阴影和噩梦。我们以为小孩子很快就忘了，其实他们没有忘，只是因为各种各样的原因不愿再提起罢了。

所以，从任何一种角度而言，我都不赞成依靠惩罚去解决所有的问题。孩子一旦出现了错误，第一种方式是沟通，第二种方式是再沟通，在反复沟通无效，而父母又觉得孩子的问题确实比较严重时，才可以采取一定的惩罚措施，而且这种惩罚措施，一定不能是体罚。

那么，孩子犯了错误时，父母究竟应该怎么做才是正确的处理方法呢？

第一，先用沟通的方式，跟孩子讨论一下错误。

孩子做错了事情时，先不要急于给孩子贴上一个“坏孩子”的标签，张口就训斥他。这种情况下，父母首选的教育方式应该是温和地沟通，跟孩子一起探讨一下他的这种错误行为。

为了说明温和的沟通方式与严苛的指责方式之间的教育效果差别，这里以一个通俗的寓言故事来说明。

有一天，北风和南风比威力，看谁能把行人身上的大衣脱掉。北风自恃力气大，先刮起了寒冷的风。结果，为了抵御北风的侵袭，行人反而把大衣裹得紧紧的。与北风不同的是，南风不慌不忙地徐徐吹来，外面顿时风和日丽，行人觉得温暖惬意，便开始解开衣扣，继而脱掉大衣。于是，南风赢得了这场比赛的胜利。

这则寓言形象地说明了一个道理：温暖的力量胜于严寒的力量。

因此，父母如若想让孩子听进你的建议，首先应该温暖他、感化他，这样孩子才会有靠近你的冲动。

第二，告诉孩子，错误只代表过去。

当孩子犯错误时，父母一定不要大惊小怪，而应该表现出一种冷静的态度。俗话说：“人非圣贤，孰能无过。”我们大人都免不了经常犯错，何况一个孩子呢。

所以，面对孩子的错误，父母一定要本着冷静的态度去教育他。父母哪怕心里再着急，也要告诉孩子：“错了就错了，没必要撒谎，也没必要觉得天塌下来了，努力改正就行，我们相信你能够反思自己的失误，下次不会再犯同样的错误了。”相信等孩子冷静下来后，他会认真地反思自己的过错，争取下次不会再犯了。

第三，不要用手指着孩子。

人在暴怒的时候，总会不由自主地伸出手指，指着对方。但我们也清楚，用手指着别人，是一种极其不尊重对方的行为。所以父母在教育孩子的时候，一定要尽量克制自己的言行，不要用错误的方式去教育自己的孩子。

另一方面，用手指着孩子，会让孩子觉得父母没有把他放在平等的位置上，是对自己的极度不尊重。这样想了之后，孩子就会产生逆反心理，哪怕父母说的话再正确，他也有可能因为逆反心理而故意不听父母的教育。

这也是为什么很多处在叛逆期的孩子，不愿意听取父母意见的一个重要原因。因为这些父母在面对自己青春期的孩子时，情绪往往是失控的，这种失控的情绪反过来加重了孩子的逆反心理。

第四，可以适度惩罚，但不能用体罚方式。

在尝试了以上方式都无效之后，父母有必要摆明自己坚决惩处错误的态度，让孩子意识到什么是真正的对和错。在这个过程中，父母可以采取适度惩罚的方式，但一定要注意，这种方式一定不能是体罚的方式。因为体罚会严重伤害孩子的自尊心，让孩子留下终生都无法消除的阴影。

比如可以让孩子单独待在一个小房间里反思20分钟，这期间不可以走出房间；可以让孩子手背后站在墙壁面前，“面壁思过”10分钟，直到孩子认识到自己犯的错误；还可以剥夺孩子某项本可以享受的权益，比如不要他晚上看动画片，或者晚上不能听故事，让他明白，因为自己犯的错误，他失去了一些本该享受的权益。那么，下次再遇到同样的事情，相信孩子一定会慎之又慎，不会轻易再犯同样的错误。

总之，面对孩子的错误，父母一定要严格纠正，但在纠正孩子的错误时，父母一定要讲究合适的方式方法，一味地采取惩罚的措施而没有进行有效地沟通，只会让孩子在错误的道路上越走越远。

打骂式的惩罚教育，伤害是双向的

体罚教育，伤害是双向的

有位作家朋友说，他读小学时常常被父母打，有一次被母亲打得太痛了，他就在反抗时说了一句：“你为什么生了我，又要这样打我？”没想到母亲听了这话后当场号啕大哭。这位朋友说，直到今天想起这个场景，他还是会不由自主地湿了眼眶。

其实，打骂教育所带来的伤害是双向的，孩子因为父母的打骂觉得失去了自尊和面子，心理留下难以弥补的伤痕。而父母呢，往往在打骂孩子时，觉得自己很解气，但等自己真正冷静下来之后，内心又充满了内疚和自责，很懊悔自己对孩子所施加的暴力，于是过后变着法儿加倍地补偿孩子。

所以，请所有的父母理性地面对孩子的错误。有一句话叫作“不要用别人的错误来惩罚自己”，对于父母而言，在面对孩子的错误时应该保持冷静，千万不要用孩子的错误来惩罚双方，以免给彼此造成双向的伤害。下面，我们来看一个网友的故事：

“我的爸妈都是大学毕业，也算是知识分子了，但是我爸对我的管教很严厉，甚至有些粗暴。印象中小时候的我，总会因为各种理由被打，而且每次都是被打后脑勺。我记得最严重的一次挨打，我竟然被打得头脑发晕，半夜呕吐，最后去了医院检查没什么大碍，但后来还是头晕了很久。我妈主要是对我的学习和生活管教很严，只要我的学习成绩变差，或者在学校里发生了什么不好的事情，一旦被她知道，回来一定是一顿怒骂，外加一顿打。她经常打骂我，而且还会用各种工具来惩罚我，我记得自己曾经被她用衣架打到身上布满青紫。每次被我妈打完后，她第二天通常都会来向我道歉，但我那个时候每次都很想哭，真的觉得自己好委屈。”

在这个案例中，孩子即使长大了，也还清晰地记得父母曾经打骂自己的场景。被打之后，孩子有很多事情都不愿意再跟父母交流，觉得自己与父母之间存在着很大的隔阂。亲子关系，从父母开始用暴力打骂孩子的那一刻开始，其实就已经疏远了。

所以，作为父母，一定要反思惩罚教育给双方带来的危害，以免因为一时情绪冲动而对孩子动手，结果给双方造成不可弥补的伤害，尤其是体罚教育。

一方面，体罚教育，可能会对孩子造成很大的伤害。

1.体罚教育，会伤害孩子的心理。

孩子也有自尊和面子。父母责打孩子，时间久了，会对孩子造成严重的心理伤害。日本心理学家研究发现，常挨打的孩子会产生7种心理问题：说谎、懦弱、孤独、叛逆、怪僻、粗暴、焦虑。此外，家庭错误的教育方式很可能导致孩子心理出现偏差。中国的传统教育存在“棍棒之下出孝子”“不打不成器”“树大自然直”等错误观念，很多父母认为“打是亲骂是爱”，只有严格要求孩子，才是对孩子真正的爱。然而，很多血淋淋的事实都证明：棍棒式的教育方式实际上是对孩子的一种严重伤害。父母以爱的名义去责打孩子，结果扭曲了孩子的心理，让孩子对父母充满了恨意和厌恶。

2.体罚教育，会伤害孩子的身体。

2010年6月18日，西安长安区一对夫妇因为怀疑8岁的女儿从家里偷钱，顺手抓起东西就打，拖把、棍子、擀面杖都成了惩罚工具，最终将孩子打死。

现实生活中，很多父母面对孩子的错误，不能冷静控制自己的脾气，动辄打骂，给孩子造成了无法弥补的创伤。而且有些父母在打孩子时情绪非常激动，结果越打越生气，下手不知轻重，往往会对孩子造成严重的身体伤害。

对于孩子而言，很多部位都是很脆弱的。比如，后脑勺中有人体的呼吸中枢，如果打到孩子的后脑勺可能会造成孩子呼吸中枢的震荡，甚至有可能导致呼吸衰竭的发生。再比如，太阳穴靠近眼部，由于眼眶内壁较薄，如果太阳穴被打，孩子很可能会出现失明或者骨折的情况，之前就发生过家长打太阳穴结果把孩子打失明的案例。

3.体罚教育，可能会变相逼迫孩子学会撒谎。

体罚如果过度的话，会让孩子产生恐惧心理。下次犯了错误，孩子会想到之前被暴打的悲惨经历，因此不敢跟父母承认自己的错误，而是想法设法地编造各种谎言，以达到避免被父母体罚的目的。

父母责打孩子，初衷是为了让孩子记住教训，希望他下次别再犯同样的错误，但父母通过责打给孩子造成的恐惧心理，却是在间接逼迫孩子通过撒谎来掩盖自己犯下的错误。这样的反向结果，与教育的初衷相违背，相信所有的父母都不愿意看到这样的后果。

另一方面，体罚教育，也会对父母造成一定的伤害。

1.打骂孩子，有可能会成为一种坏习惯。

与其他教育方式相比较，打骂的方式无疑是最为直接、粗暴的方式。很多父母将孩子毒打一顿之后，发现孩子的确变得听话了很多，就错以为这种方式很有效果。

其实不然，打骂的效果只能是暂时的，从长远来看，教育效果其实微乎其微，甚至还有可能会诱发孩子的叛逆心理。但很多父母被暂时的教育效果所蒙蔽，喜欢将打骂孩子作为自己惯用的一种教育方式，时间久了，很容易形成一种暴力习惯，以后即使想改变都很困难。

2.打骂过后，父母可能会加倍弥补孩子。

很多父母在打骂孩子的时候，脾气上来了，就不管不顾，纯属是在发泄自己的情绪，而非本着教育孩子的初衷。等父母把情绪发泄完毕之后，再冷静下来，又会觉得特别懊悔和内疚，于是又想着法儿地加倍讨好自己的孩子。

久而久之，父母的脾性也会变得喜怒无常，阴晴不定，这对于孩子的成长而言，非常不利；对于营造和谐、民主的家庭氛围而言，也非常不利。这样的教育方式，其实是在造就情绪化的病态父母，而父母困在其中，却不知道该如何走出情绪化的牢笼。

通过上面的分析，我们知道，体罚孩子就是一把双刃剑，既伤害了孩子的身心健康，也对父母的情绪造成了一定的冲击，非常不利于家庭的和谐稳定。所以，父母在想要体罚孩子时，一定别忘了体罚会对彼此造成的严重伤害，从而提醒自己做到谨言慎行，合理教育。

孩子犯错后需要的不是惩罚，而是承担

作为妈妈，我不敢奢望我的孩子一辈子都不犯一点儿错误，因为那是不可能的。我会教育我的孩子，不要害怕犯错，做错事情一定要勇于承担自己的责任，而不要做一个只会逃避错误的懦夫。

“知错能改，善莫大焉。”我希望我的孩子在犯错之后，能够及时承担错误的后果，并且努力将损失降低到最小。如果她能做到的话，在我心里，她依然是最好的孩子。

面对孩子的错误时，父母一定要以正确的态度看待它。

首先，孩子犯错，是一种心理需要。

作为父母，首先要正确看待孩子犯的错误。孩子犯了错误，不要“一棍子把他打死”，就此认定他是一个淘气或者调皮的熊孩子。

其实对于孩子而言，犯错是一种心理成长需要。孩子小时候犯一些错误，通过错误来确知自己与外界或他人的关系，就可以获得对错误的“免疫”能力。人类的孩子与哺乳动物小时候一样，要在游戏中预演攻击与防御、残忍与仁慈、捕获与逃避等行为，才能获得生存的能力。孩子在2～5岁时，许多负面情绪，如愤怒、对抗、残忍、嫉妒、仇恨等都要有适当的表达，这样他才能从中获取管理这些情绪的经验，学会节制。

我有一次陪女儿在商场里试骑自行车，当时里面有一块场地是专门为儿童试骑提供的，而且场地上还专门画了详细的轨道图，引导孩子们按照轨道

去骑行。我看到一个5岁左右的小女孩骑着一辆儿童自行车，在轨道里横冲直撞，不到10分钟的时间里，撞了好几个小孩。她的妈妈当时正坐在旁边低头玩儿手机，对于自己孩子的错误行为没有及时制止。

过了一会儿，我看到一个和她差不多大的男孩从对面轨道冲过来，直接撞在了这个女孩的自行车轮子上，别住了她前行的方向。小女孩很生气地问男孩：“你干吗撞我！”小男孩说：“你刚才为什么一直撞别人啊？”小女孩无言以对，只好把自己的自行车调整好，重新换个轨道出发了。后来我发现，她真的守规矩了很多。

我在想，这也许就是孩子成长的必经阶段吧。她在错误中汲取经验，然后学会调整自己的行为模式，确保下次不要再犯同样的错误。比如你的孩子5岁时出现打人的行为，受到了外界的指责，他才意识到自己打人的行为是错误的，那么他下次伸手打人时起码会犹豫一下。如果你的孩子在5岁时没有获得犯“低级错误”的机会，不知道犯错可能带来的严重后果，那么他在12岁——不该犯低级错误的时候犯了错，然后再为自己幼稚的行为去“买单”——被别人狠狠揍回来，那就有点儿得不偿失了。

所以，在孩子小的时候，我会允许孩子试错，然后让她去感知错误行为可能带来的后果，这总比她长大后遭受更为严重的惩罚要好得多。

其次，面对孩子的错误，不要一味地惩罚他。

对于孩子犯下的一些小错误，父母别着急上火，也别忙着责怪孩子，而是应该放松心境，耐心和孩子交流，然后帮孩子想办法处理疑问。有了父母的分析和帮助，孩子才能够了解到做错事的后果，并逐步学会自己承担责任。

乔治·华盛顿是美国第一任总统。他小时候是个既聪明又淘气的孩子。

一天，父亲送给他一把小斧头，他想要试一试斧头锋不锋利，于是来到了花园。他看到花园边上有一棵樱桃树，在微风中一摇一摆的，好像在向他招手："来吧，小乔治，在我身上试试你的小斧头吧！"小乔治高兴地跑过去，举起小斧头向樱桃树砍去，一下，两下……樱桃树倒在地上了。一会儿，父亲回来了，看到心爱的樱桃树倒在地上，很生气，他问小乔治："是你砍倒了我的樱桃树吗？"

小乔治这才明白自己闯了祸，可是他经过一番心理挣扎之后，低着头对父亲说："爸爸，是我砍倒了您的樱桃树。我想试一下小斧头快不快。"父亲听了小乔治的话，不仅没有责罚他，还一下把他抱起来，高兴地说："我的好儿子，爸爸宁愿损失一千棵樱桃树，也不愿你说一句谎话。爸爸原谅诚实的孩子。不过，以后再也不能随便砍树了。"

小乔治望着父亲，懂事地点了点头。

华盛顿砍树的故事一直记在我的脑海里。小的时候，我也很羡慕华盛顿有这么明智的父亲，不会因为孩子的无心之过就动辄打骂孩子。而我们身边的很多父母，估计很难做到像华盛顿父亲那样的包容和淡定。换作我们，如果砍掉了爸爸最心爱的樱桃树的话，很可能换来的轻则是臭骂，重则是责打的惩罚。

但是从看到这个故事的那一刻开始，我就告诉自己，以后做了父母，面对孩子不小心犯下的小错，哪怕再心痛，我都不会轻易责打孩子，而是会告诉他："孩子，下次小心一点儿。"我也相信，我的孩子在听到我这样宽容的话语之后，下次做事情之前，一定也会考虑一下父母的感受。

最后，孩子犯错后，最需要的行为是承担。

允许孩子在不触犯一定原则和底线的前提下，犯一点儿小错误。但父母在孩子犯错之后，一定要记得告诉孩子："犯错不可怕，可怕的是逃避自己的错误。"

我的女儿在生活中经常给我制造一些或大或小的麻烦，但当她犯错的时候，我会告诉自己：冷静、冷静、再冷静，孩子不是故意的。在冷静下来之后，我会以最快的速度想一想该怎么处理这件事。

孩子有时候拿着我给她热好的牛奶，边走边喝，结果牛奶洒了一地。我会告诉她：“下次喝牛奶的时候应该坐在桌子边，等喝完了再去走路，知道吗？你现在把牛奶洒了一地，先自己找块抹布把牛奶擦干净，好不好？”

我有时候在厨房做饭，女儿会跟我提出能否把我的那些蛋糕模具拿出来玩儿一会儿，我会说“可以”，她又提出可以给她一点点水吗，我也会回答说“可以”，但叮嘱她尽量不要把水洒到地面上来。她往往答应得很爽快，但玩儿起来可能还会把水洒出来。这时候，我不会发脾气，但我会告诉女儿：“你自己弄的战场，自己打扫干净吧。”

我经常告诫自己，不要剥夺孩子犯错的权利，不要因为孩子犯了错就动辄大呼小叫，而是从一开始就让孩子明白，你的错误必须得你自己来承担。

惩罚可能会剥夺孩子自我反省的机会

孩子犯了错，只有让他真正从内心接受“自己的确做错了”这个事实，才能指望他下次不会再犯同样的错误。

如果父母通过外部的惩罚措施，迫使孩子承认自己犯的错误，那么你很可能得到的只是孩子表面上的敷衍和承认。下次再遇到同样的事情，孩子该怎么做还会怎么做，因为他并没有从心里反思自己的错误。

所以，对于孩子的错误而言，内省远比惩罚要有效得多。我们来看看跟内省有关的“内省智能”吧。著名的“多元智能理论”目前为止列出了八项智能，其中，“内省智能”是当中最令人陌生乃至费解的一种智能。什么是“内省智能”？通俗的说法就是“认识自我”的智能，它关系到孩子当前的良好发展和日后的成材。

内省智能是分辨自己内心世界的智慧。内省智慧强的人，能够清楚地把握自己的情绪、动机、脾性，能恰当地认识自己的特点、长处和短处，并能据此做出适当的行为。有此强项的人，会有比较强的自律、自控能力，并且具有较强的自尊心和自信心，这无论对于孩子当前的发展和日后的发展，都是至关重要的。

内省智能如此重要，需要父母小心地呵护好自己孩子的这个强项。但是如果父母面对孩子的错误时，总是试图借助外界的惩罚措施来压制他，很可能就抑制了孩子的内省智能的发展。长此以往，孩子不但不能恰当地认识到自己的特点，包括长处和短处，而且不能据此做出适当的行为。

我们来看看外界的体罚措施将会给孩子造成怎样的伤害吧。以下内容摘自《西尔斯育儿经》：

“在一项为时19年的长期研究中，研究人员发现，在体罚是家常便饭的家庭里长大的孩子，长大后会成为不善交际、以自我为中心的人，在他们的青少年时期和成年之后，暴力行为对他们来说是完全可以接受的正常现象。”

“如果大专院校的学生成长在一个很少夸奖，总是进行责骂、体罚和在言辞上侮辱的家庭里，那么他们在心理上会具有较多的困扰和不安。”

“对监狱中的囚犯做的调查表明，大多数暴力犯罪者都是在具有暴力的家庭中长大的。”

因此，父母在面对孩子的错误时，务必要慎用惩罚措施。尽量给孩子自我反省的机会，让他意识到自己所犯的错误。那么，究竟如何去增强孩子的自我反省能力呢？父母不妨尝试以下几种育儿方式：

第一，多和孩子做一些角色游戏。

角色游戏对内省智能的提高非常有帮助。

例如，爸爸妈妈可以和宝宝一起来玩儿“过家家”“小医院”“搭房

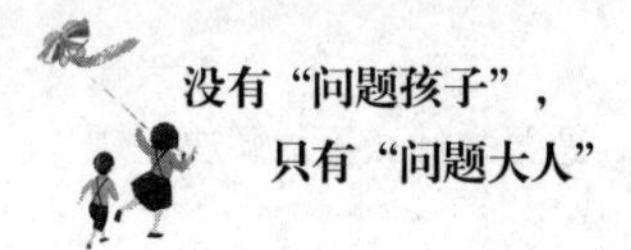

子”“小菜场”等游戏。通过角色游戏，孩子可以感受到不同的心理体验，学会客观地看待外界的人和事。而且，孩子通过与父母互换角色，也可以更形象地体会到父母养育自己的不易，从而在平时的言行中多从父母的角度出发考虑问题。

比如在“小医院”游戏中，父母可以假扮病人，让孩子负责给自己量体温、打针。父母趁此机会可以告诉孩子：量体温的时候，爸爸妈妈一定会安静地坐下来配合你，不然你很容易打碎体温计，所以下次爸爸妈妈帮你量体温的时候，你能否也配合一下爸爸妈妈呢？通过良好的角色互换游戏，我想孩子一定会将你的话记在心里。

第二，给孩子一定的自我发展空间。

父母在平时的生活中，尽量多给孩子一定的发展空间，让孩子能够独立去完成一件事情，不要打扰他。

比如，给孩子半个小时的时间，允许孩子在卫生间里自由地给他所有的玩具洗一次澡，并且告诉孩子，在半小时之后，他还要负责把所有的玩具都清理干净。我就曾经给了女儿一个大脸盆，一块小抹布，对女儿说：“你自己拎水把你所有的玩具都擦洗一遍吧。”半个小时之后，我看到了她提着桶，站在阳台上，一边捞着玩具，一边仔细擦着，然后把玩具整整齐齐地摆放在阳台上。我觉得这种方式非常好。

第三，多给孩子思考的空间。

平时遇到孩子问问题的时候，先不要急着回答他，而是先问问孩子自己的想法，让孩子养成独立思考的习惯，这也是培养孩子自我反省能力非常重要的一个步骤。

我曾经告诉过女儿，一年有四个季节——春、夏、秋、冬。秋天快到了，树叶慢慢就变黄了。有一天，我带她到公园玩儿，女儿问我树叶为什么开始往下落了，我笑着反问她：“你说为什么啊？”她想了想说：“因为秋天到了，天气慢慢变凉了。”

其实，我不在乎女儿回答的正不正确，我只想让她养成独立思考的良好习惯。遇到问题，让她自己首先想想答案是什么，不懂了再来问父母。

第四，尽量先让孩子反省自己错在哪里。

孩子犯了错，不要急于站出来给孩子指正他所犯的错误，更不要不分青红皂白就随意惩罚他，而是先让孩子反省一下，自己究竟错在哪里了。

女儿小的时候，我带她出去跟小朋友一起玩儿。她有一只很漂亮的玩具狗，我建议她拿去跟小朋友一起玩儿，但她却迟迟不愿与小朋友分享。我对她说，如果姐姐手里也有一个很漂亮的毛绒玩具，不与你分享你会不会伤心呢?

纠结了足足有5分钟，女儿最后经过艰难的思想斗争，还是把自己的玩具狗递到小姐姐手中，两个人一起玩儿起来。当小朋友的妈妈夸奖她的时候，她自己也觉得很开心。我很庆幸自己能够把自我反思的机会留给女儿，让女儿最终纠正了自己的不当想法。

我在想，如果面对女儿的不恰当行为，我为了自己的面子强迫她做出她不愿做的行为，又或者回到家之后我因为她的不礼貌行为狠狠责罚了她一通，那么我女儿一定会感觉很委屈，而不会觉得自己的行为有什么欠妥的地方。恰恰因为我的耐心，给了女儿自我反省的机会，让她能够说服自己的内心，最终做出了让大家都称赞的行为。

我很庆幸自己的选择，也希望天下所有的父母在面对犯错的孩子时，都能够给孩子一个自我反省、自我纠正的机会，让他主动尝试，从而发现一个更好的自己。

惩罚能控制不良行为，但不能减少他们做坏事的念头

与控制孩子的不良行为相比，我认为，减少孩子做坏事的念头更为重要。而想让孩子减少他们做坏事的念头，最好的办法就是让他们学会通过个人经验的积累来意识到自己行为的不妥之处，然后积极改正，不断完善自己的人格和精神世界。

在此，我想给大家介绍一位教育大家——卢梭。

卢梭，法国伟大的启蒙思想家、哲学家、教育家、文学家，他的“自然主义教育观”指出：大自然希望儿童在成人以前就要像儿童的样子。如果我们打乱了这个次序，我们就会造成一些早熟的果实，它们长得既不丰满又不甜蜜，而且很快就会腐烂：我们将造成一些年纪轻轻的博士和老态龙钟的儿童。

简而言之，卢梭提倡让孩子“回归自然”，强调通过个人经验来学习。后来，在伏尔泰的批评下，他把自然描述为人为建立自己个性和个人世界过程的自发性。所以，在卢梭看来，自然意味着内心的状态、完整的人格和精神的自由。

当然，有的家长说，那不就是撒手让孩子自己成长嘛，如果孩子长歪了，长斜了，父母也不应该提醒一下吗？我们当然不能完全依照卢梭的自然主义的教育理念去对待自己的孩子，但是我们可以借鉴一下卢梭自然主义教育经验的精华之处，那就是把成长中的孩子看作是一个需要自然成熟的果实，在这期间，父母尽量不要通过外界的力量——控制或者惩罚，去约束孩子自己成长的道路，尽量让孩子体验由自己的不当行为带来的后果，以便让他能够从源头上调整自己的不良行为。

我们先来看看下面的这个案例，试着对比一下两种处理方式，看看有什么值得我们父母反思的地方。

小林正在看电视。

父亲：我们跟你说过一千次了，疯玩儿，是会打坏东西的。

小林：（低头想）（哦……我惹麻烦了……）

父亲：我接到老师的电话，说我儿子打坏了另外一个男孩子的眼镜，真让我难堪！

小林：我不是故意的……

父亲：我不想再听了。进屋，这个月不许看电视了！

小林：（这不公平！）（无奈接受）

父亲：这个月的零花钱也没有了！

小林：（默不作声）（心想：真小气……或者我是个混蛋）

如果换种方式，情形又会是怎样？

父亲：我接到老师的电话，说你打碎了同学的眼镜。我和你妈都非常生气！

小林：我不是故意的，我们只是在玩儿。

父亲：我相信你不是故意的，但是，现在眼镜碎了，我们要赔，花了很多钱。

小林：对不起。

父亲：也许你可以用你存的钱或者零花钱来赔别人眼镜。

小林：当然可以，好。

父亲：你不应该给同学打个电话，道个歉吗？……

我想，如果我是孩子，一定更喜欢父母的第二种教育方式，也会在心里真正认识到自己的错误，争取下次和同学玩闹时更小心一点儿。

如果想要孩子减少做坏事的念头，父母应该尝试哪些新的教育方式呢？

第一，父母首先应该克制自己的情绪。

看到孩子的错误行为时，父母最应该做的事情是保持冷静，记住“欲速则不达”，教育必须是“慢工出细活”。

我经常在情绪快要爆发的时候，转过头在心里默念好几遍“冷静、冷静、冷静”，这个方法真的很有效果。下次遇到孩子犯错的时候，你也不妨在心里跟自己对对话，告诉自己一定要冷静下来，否则越冲动，结果就会越糟糕。

第二，父母应该耐心听一下孩子的解释。

我女儿每次犯错时，我都会先让自己冷静下来，然后蹲下来问问她：“你觉得自己这样做对不对？”女儿通常的答案是：“不对。”紧接着我会问她：“哪里不对啊？”她的小脑瓜就开始转呀转，刚开始她无法理解“哪里”的意思，会指着“犯错地点”——沙发、餐桌等具体地点，给我一个哭笑不得的解释。但后来，慢慢地，她开始学会给我一个合适的解释，比如，她说“我把水洒了”“我发脾气了”“我没有好好吃饭”等。接下来，我会继续问她：“为什么呀？”这时候也会给我一个她自己的答案，比如，“我想给小鸭子洗澡”“我吃不了了”等。

所以，无论面对孩子怎样夸张的行为，我都会耐心听一听她的解释，让孩子觉得父母是理解自己的。

第三，必要的时候让孩子感受一下行为的后果。

必要的时候，可以让孩子自己体会一下自己行为的后果，这种体会远比你告诉他一千遍，或者打他一百次要有效果得多。

女儿喜欢玩水，我告诉她可以去卫生间关起玻璃门玩儿10分钟，或者在洗漱池边玩儿10分钟，玩儿的时候不要把衣服弄湿了。小孩玩儿起来可能就管不了那么多了，尽情地玩儿着水，一会儿衣服就湿透了。女儿一脸委屈地过来找我，我对她说：“衣服弄湿了的话，要么你自己等着它变干（要注意避免孩子感冒），要么你自己去找睡衣换上。”

她穿了几次湿衣服之后，慢慢学会了自己去换干衣服，更重要的是，她嫌换衣服麻烦，自己下次玩儿的时候就小心了很多。

第四，让孩子从内心认识到什么行为是错误的。

俗语说，你永远唤不醒一个装睡的人。同样的，你也唤不醒一个从内心里认为自己没做错的孩子。孩子只有从内心认识到自己的行为是错误的，他才有可能在下次行动时抑制自己做坏事的想法。

比如上面案例中的小林，他只有意识到一旦弄坏同学的眼镜，将要付出精神和金钱的双重代价的时候，才会在下一次玩耍时更加小心。

以上几种教育方式，更能从根本上减少孩子做坏事的念头。所以父母们，请放下挥起的双手吧，让孩子先从内心成长起来。

替代惩罚的7个技巧

美国著名儿童心理学家古诺特说，惩罚对教育孩子并不起什么作用。如果一味地惩罚孩子，孩子的精力分散到了如何去报复家长上面，错失了对自己不当行为的反悔以及思考修正错误的机会。换句话说，惩罚孩子，实际上剥夺了他从内心深处对自己错误行为的反省过程，而这个过程恰恰又是非常重要的。

惩罚无用，又有负面影响，父母应该找寻一些可以替代惩罚的技巧，帮助孩子从内心深处反省自己的错误：

第一，严肃地告诉孩子自己的立场。

当孩子犯了错误时，父母可以严肃地向孩子表明自己的立场，明确告诉他这样做是不对的，并且告诉孩子，这样做还可能会造成什么样的后果，通过这种方式，让孩子可以更加形象立体地认识到自己的错误行为。

我带女儿乘坐公共交通工具之前，提前给她讲明了很多应该在公共场合注意的事项，告诉她公共交通工具是大家共同享有的，如果你在公交车或地铁上大声哭闹，会影响到别的乘客阿姨、爷爷奶奶的心情，这是很没有礼貌的行为。你要相信孩子的理解能力，换一种形象而具体的讲道理方式，他们是能够听得懂的。

如果我发现女儿在公交车上有大声说话的苗头，我会立即提醒她：“你这样说话，可能会影响到别人。”女儿听完之后，很快就安静下来了。

第二，让孩子收拾自己的“烂摊子”。

让孩子学会为自己的错误行为“买单”，适当地让孩子学会收拾自己的“烂摊子”，将有助于他深刻理解自己的行为所产生的后果。

家里的玩具，我基本上允许女儿随意玩儿，哪怕她撒得满地都是，因为我提前会告诉她：“你玩儿过之后记得把它们全部收拾好，放回原处。不然下次就没有玩具玩儿了哦！”事实证明，这个办法很有效。

如果你不想让你的孩子做得太出格，那就提前告诉他，你要为自己的行为负责。

第三，剥夺孩子本该享有的“某种权利”。

如果孩子犯了错误，不必通过打骂的方式让他印象深刻，你可以尝试一下剥夺他本该享有的“某种权利”的方式，让他更好地记住错误的教训。

如果孩子不听话，在公共场合哭闹、发脾气，随时告诉他，如果你再这样哭闹，影响别人，爸爸妈妈会立刻带你回家。孩子在外面做了错事，你可以告诉他，“因为你做了什么，所以晚上看动画片的时间取消了”。

我相信，通过这样的方式，孩子对自己错误行为的认识程度一定会更加深刻。

第四，鼓励孩子下次可以做得更好。

天下没有不犯错误的人，孩子更是难以避免犯错。作为父母，我们要对孩子的错误保持一定的理解和宽容，不能因为他撒了一次谎，就认为他会一直如此。

相反，我们可以通过鼓励的方式，引导孩子在行为上表现得更好。举个简单的例子，孩子这次不愿意与小朋友分享自己的玩具，那么父母应该以身作则，为孩子做出更好的榜样。比如妈妈可以自己制作一些小点心，鼓励孩子出去一起与小朋友分享。我想，多分享几次，孩子通过耳濡目染，也会变得更大方，更愿意与别的小朋友一起享受分享的快乐。

第五，让孩子学会换位思考。

父母平时可以跟孩子做一些“角色互换游戏”，让孩子来当妈妈或者爸爸，父母来当孩子，共同完成某一项任务。让孩子在这种游戏中学会换位思考。

或者，出现问题时，不断地提醒孩子，如果别的小朋友拿了玩具不愿意与你分享，你会开心吗？如果你去找别的小朋友一起玩儿，别人拒绝了，你会不会难过啊？

通过不断地换位思考，让孩子反思自己的行为究竟对不对。

第六，和孩子一起承担错误。

孩子出现错误时，父母可以与孩子一起承担错误行为造成的后果。一方面，这样不仅让孩子觉得因为自己的错误行为，害得父母跟自己一起接受惩罚了。另一方面，也会让孩子觉得爸爸妈妈是理解自己的。那么反过来，孩子也会换位思考，自己以后是不是应该也多理解父母，不要给父母添麻烦了。相信孩子会在下次遇到同样的事情时，能够变得更谨慎一些。

第七，告诉孩子，说到的事情一定要做到。

父母要告诉孩子，答应别人的事情，除非出现特殊的情况，否则一定要遵守承诺。对于错误也是，如果答应了爸爸妈妈下次不再犯同样的错误，那就严格约束自己的行为，尽量避免在同样的地方摔两次跟头。

在信守承诺这方面，父母是孩子最好的老师。身为父母，无论何时，答应孩子的承诺，除非是出现了不可抵抗的外力，否则一定要对孩子履行自己的承诺。如若的确做不到，也应该及时跟孩子沟通一下，解释一下自己没能做到的原因，争取获得孩子的谅解。

在孩子眼里，父母都是信守承诺的人，经过耳濡目染之后，他也会做一个信守承诺的好孩子。下次遇到同样的问题，孩子会因为信守对父母的承诺，尽量避免再犯错。

以上7个替代惩罚的好办法，你可以在教育孩子时尝试一下。

最有效的管教方式是让孩子学会自我管理和约束

在教育孩子方面，我和先生达成了一致的看法，那就是给予孩子一定的独立发展空间，尽量让孩子学着独立成长，自己的事情自己做，养成良好的自我管理和约束能力。

要想让孩子学会自我管理和约束，父母应该怎么做呢？我们不妨尝试一下下面的这几个办法：

首先，父母要学会做一个“懒家长”。

现在流行一种新的教育理念，那就是学着做一个“懒家长”，父母不要包办孩子的所有事情，要给予孩子自我管理和约束的空间。

现实生活中，我看到了太多辛勤的妈妈，每天晚上忙完家务，就开始忙着陪孩子写作业，孩子的作业写到11点，妈妈也陪着孩子到11点，在这期间也不干任何事情，就是静静地坐在身后陪着孩子做作业。等孩子写完了作业，再给孩子洗漱，忙完一整天，直到孩子睡觉了，自己才能放心地去卧室休息。

紧接着，第二天一大早，又忙着早起给孩子准备洗漱用具和当天上学要穿的干净衣服，等忙完一切事情，再去房间叫醒孩子。

其实，父母照顾孩子没必要面面俱到，适度放手，适当“懒”一些，更有利于培养孩子的独立性。

其次，父母要让孩子学会自我管理和约束。

我在女儿两岁多的时候，就给她编好了一个顺口溜，“自己的事情自己做，包括学习和生活；不发脾气不顶嘴，爸妈认为你最美”。当然，这里说的不发脾气和不顶嘴都是相对的，不是要剥夺孩子表达情绪的权利，而是告诉她，你有意见可以，生气也可以，但一定要通过合适的方式表达和发泄出来，不能不管不顾，乱发脾气，也不能为了顶嘴而顶嘴，你有不同意见，可以好好跟父母沟通，父母也会耐心地听你解释。

这里说的学习，就是指老师布置的各项作业。我们一直提醒孩子，你要记住，你以后的作业是你自己的事情，不是爸爸妈妈的事情，所以不要指望爸爸妈妈陪着你一起熬夜，也不要指望爸爸妈妈天天给你花一笔钱为你报各种各样的文化辅导班，自己的学习自己去安排。

这里说的生活，就是指吃喝拉撒。父母应该让孩子学着自己吃饭，哪怕他吃得满脸都是；应该让孩子学着自己穿衣服，哪怕孩子穿不好，爸爸妈妈过来帮助他也可以；应该让孩子自己学着上厕所，上完厕所自己主动去洗手。

有一次，上小班的女儿第一次领回了数学作业，我的内心无比激动，“实验”的时候到了！回家之后，我跟女儿说，妈妈要去做饭了，你自己在小桌子上写作业吧，你自己的作业应该自己做。没想到，第一次的实验就很成功，在我做好饭时，女儿已经数完了该数的小鸭子，我对女儿大大夸赞了一番，“女儿，你真棒，这么快就写完作业了，该开饭了，因为你作业写得好，写得快，晚上可以看好几集动画片呢！”

我建议父母要让孩子从小事做起，逐步培养孩子的自我管理和约束能力。

最后，告诉孩子，不当行为的后果有哪些。

除了以上两个方面，父母在日常生活中还应该及时跟孩子沟通交流一下，不当行为可能会对自己或者别人造成什么样的不良后果，以便让孩子学会管理和约束自己的不当行为。

有空的时候，带着孩子一起学习一下儿童安全常识，让孩子知道哪些行为可以做，哪些行为可能会对别人或者自己造成一定的伤害，从而让孩子有意识地去约束自己的行为。

我女儿小的时候，我就带她看了很多安全方面的视频，让她反复看，直到她能够独立看懂所有视频教育的内容。据我后来的观察，这个方法很大程度上给她提供了一个约束自己行为的意识，比如乘坐电梯时不能打闹，在公交车上不能乱跑，在超市时应该跟着自己的爸爸妈妈，女儿都一一做到了。

等孩子再大点，我们给她买了一系列安全方面的书籍，她不认识字，我们就每晚坚持给她阅读，经过一段时间的学习，她对于安全知识掌握得更多了。此后，女儿知道了在滑滑梯时应该认真排队，否则很容易造成危险；知道了在下跷跷板时，应该提前告诉对面的小朋友，以免让对面的小朋友受到伤害，等等。通过阅读实现对孩子的教育，这个办法非常有效。

孩子其实比我们想象得要聪明多了，你告诉他哪些行为可能会导致不好的后果，把可以预见的后果跟他说明白，相信孩子会有自己的判断。如果他非要尝试一下不可，那我们就悄悄地跟在身后，看着他“栽一次跟头”吧。我想下次，他会变得更聪明一些的。

总之，相信孩子自己的能力，相信孩子能够进行一定的自我管理和约束，父母要做的事情就是适当放手，给予孩子这样的锻炼机会。

第七章

正面教养——不惩罚、不娇纵的温暖教养术

天下没有完美的孩子，父母所要做的事情，就是如何通过合适的教育方式，让自己的孩子变得越来越好。那么问题来了，如何才能得到一个越来越好的孩子呢？我认为正面教养——不惩罚、不娇纵的温暖教养术才是最恰当的教育方式。让孩子在一种和善而坚定的气氛中，培养出自律、责任感、合作意识以及独立解决问题的能力。

用你的手给孩子鼓掌，而不是给他耳光

我国儿童教育家陈鹤琴先生说过：“随便什么事，你要小孩怎么做，做什么样的人，学什么样的事，求什么样的知识，研究什么样的问题，你要有一个什么法宝呢？”这个法宝就是“鼓励”。鼓励，就是激发、勉励，表扬可以帮助孩子建立自信心和自我评价。

上天给我一双手，我要用这双手来拥抱我的孩子，用力给我的孩子鼓掌，而不是给他耳光。这就是鼓励的艺术。

罗森塔尔教授的实验

鼓励到底有多么重要的作用呢？我们来看看美国著名的心理学家罗森塔尔曾做过的一个实验：

他把一群小白鼠随机地分成两组：A组和B组，并且告诉A组的饲养员，这一组的老鼠非常聪明；同时又告诉B组的饲养员，这一组的老鼠智力一般。几个月后，教授对这两组的老鼠进行穿越迷宫的测试，发现A组的老鼠竟然真的比B组的老鼠聪明，它们能够先走出迷宫并找到食物。

于是罗森塔尔教授得到了启发，他想这种效应是不是也会在人的身上发生呢？于是，他来到了一所普通中学，在一个班里随便地走了一趟，然后就在学生名单上圈了几个名字，告诉他们的老师说，这几个学生智商很高，很聪明。过了一段时间，教授又来到这所中学，奇迹又发生了，那几个被他选出的学生现在真的成了班上的佼佼者。

为什么会出现这种现象呢？正是“暗示”这一神奇的魔力在发挥作用。

被“暗示”的学生受到了鼓励，相信罗森塔尔教授说的“自己智商很高”的评价，所以孩子在接下来的表现中，会处处以“高智商者”的身份去努力学习，争取让自己的表现与罗森塔尔的暗示相称。

相信父母们看完这个实验，会对鼓励的作用有一个非常深刻的认识吧。

父亲对我的鼓励

我出生在一个普通的小县城，接受着最普通的教育，但是我很感激我的父母，他们在有限的精力、财力和物力条件下，给予了我很富足的精神世界。

我记得在我读三年级的时候，爸爸就把我平时写的一篇小作文特地拿给他的一位朋友看，那位朋友之前做过作文老师，内向的父亲很自豪地向他推荐我写的那篇小作文。后来我拿起那篇小作文，反复看了看，无外乎写的是一个洗碗的过程，不同的是，我用心观察了妈妈洗碗的过程，然后用文字把这个过程很形象地描绘了一下。在我的印象中，父亲的那次夸奖给了我莫大的鼓励，在以后的日子里，为了对得起父亲的鼓励，我不断看书，不断练习文笔，很庆幸走到今天，可以随时随地拿起笔来表达我自己内心的想法。

现在想来，我很感激父亲，感激他在平凡的日子里那么用心地夸奖了我的文笔，才让我意识到原来自己身上可以有这样让父母觉得自豪的才华。所以我得不断努力，不辜负父亲对我的鼓励。

后来长大后，更不用说了，我一直用这种自信握着我的笔，每一次征文比赛获得一等奖，每一次发表文字作品，我都会拿给父亲看，从他骄傲的笑容里，我看到了一个明亮的太阳，那个太阳一直照耀着我的人生，让我提醒自己，永远精彩地活着，别浪费了自己的才华。

我也要用自己的双手给我的孩子鼓掌

成为一位母亲之后，我也记住了一点，我的双手是用来给我的孩子鼓掌的，鼓励她在人生的每一步上都走得坚强，走得坚定，哪怕她只是学会了走路，学会了说话，身为母亲，我也发自内心认真地为她鼓掌。

我记得有一次，幼儿园选小演员去参加活动，我原本不抱任何希望，只是鼓励女儿，你不知道你自己唱歌很好听吗？妈妈真的觉得你唱歌唱得太好听了，下午你就给大家勇敢地唱一支歌吧。

惊喜的是，放学后老师告诉我，“您的女儿通过初试了”。原来女儿在下午选拔时，竟然大胆地唱了一首《世上只有妈妈好》。与女儿的初试成绩相比较，我更在意她能否勇敢地站出来为大家唱一支歌。

那天下午，我和先生约定好了，一起去接女儿，还特地带着女儿选了一个她自己想要的小熊蛋糕，然后我们笑着告诉她：“闺女，听老师说，你完整地唱了一首歌，而且唱得非常好。爸爸妈妈真为你感到骄傲！”听到夸奖的女儿也很开心。

我不断探求正确的鼓励方式

我希望自己能够不断地探求正确的鼓励方式，以免给孩子造成一定的困扰和压力。

我在想，以后孩子取得了好成绩的时候，我会采取两种鼓励方式，一种是先会肯定孩子付出的努力，对孩子说：“你最近这么努力，取得了这么好的成绩，妈妈一点儿也不奇怪！妈妈为你自豪！”另一种，我还会简单地夸一句“孩子，你真聪明”。我想告诉孩子，做事的态度最为重要，凡事只要努力过了，父母就一定会为你的努力而骄傲。

斯坦福大学著名发展心理学家卡罗尔·德韦克（Carol Dweck）曾经做过一个实验。她先给孩子们一个简单的任务，结果大家都顺利完成了，然后她用以上两种不同的方式对孩子们进行了表扬。紧接着，她又给孩子分配了一个很难的任务，确保大家都会做错。第三个阶段，她又给孩子们分配了一个比较简单的任务。结果她发现，被表扬“努力”的孩子在第三个任务中表现得明显更好，因为他们倾向于认为第二个任务之所以失败是因为他们不够努力，而不是因为他们不够聪明。所以，他们愿意努力挑战难的问题，并且完成它。

这个实验中采用的就是正确的鼓励方式，父母应该告诉孩子，你因为不断努力，所以变得更优秀，而不是因为你很聪明，所以才很优秀。作为父母，我更希望看到的情形是我的孩子在不断地努力，而不是永远以聪明者自居，待在原地不求进步。

在规矩范围内，给孩子充分的自由

世界上没有绝对的自由，自由都是相对的。同样的，我们作为父母，应该给予孩子充分的自由，但前提是孩子必须在一定的规矩范围内做事情，这样享有的自由才真正有利于孩子健康成长。

我经常在外面看到伸手打爷爷奶奶或父母的孩子，孩子一边哭闹一边拍打着长辈，而长辈坐在那里，一脸尴尬地笑着。毫无疑问这样的教育方式是错误的，任由孩子发泄自己的脾气，甚至纵容到了对长辈动手的地步，长辈给予孩子这样的自由，实际上是一种伤害。孩子现在看似无拘无束、自由自在，但长大后进入社会，反而越容易被残酷的社会碰撞得伤痕累累，没有人可以包容他的无礼行为。

相反，有的父母对孩子管教得特别严苛，这也不允许孩子摸，那也不允许孩子动，只想让孩子乖乖坐在那里一心看书，这样的教育方式同样不可取。父母制定的规矩太多，用条条框框将孩子圈了起来，很容易扼杀孩子的天性和童趣。

自由和规矩就好像一只棒棒糖，自由是糖，规矩是棒。每个孩子都想要吃到糖，但前提是必须牢牢地拿好棒，否则棒掉了，糖也会掉。因此，父母一定要引导孩子在规矩和自由之间如何游刃有余地行走，只有这样，孩子的内心才是真正快乐的、踏实的。

我认为，在现实生活中，父母可以让孩子了解几个必须遵守的底线和规矩，在这个底线和规矩范围内，允许孩子自由自在地玩耍、学习和成长，允许孩子不断地探索这个未知的世界。我们来看看下面的几条规矩，家长们不妨根据孩子的实际情况借鉴：

第一，孩子必须要尊重别人。

我认为孩子首先应该遵守的规矩，是懂得尊重别人。对于孩子而言，他也有自己特定的社交圈，比如爸爸妈妈、爷爷奶奶、姥姥姥爷、叔叔阿姨、老师、同学，等等。凡是与他的生活、学习发生交集的人群，都是孩子的社交圈。在这个社交圈里，无论孩子的性格表现为活泼外向，还是内敛腼腆，他都应该做到尊重别人，不能强行要求别人一味地顺从自己的想法，也不能任性地打骂别人。我认为这对于孩子来说，是最应该遵守的一个规矩。

第二，孩子必须要心存感激。

我认为父母一定要教育自己的孩子保持一颗感恩的心，对于平日里帮助过自己的人心存一份敬意和感激，不能让孩子觉得：因为我小，所以理所应当得到别人的照顾。

我一直告诉我的女儿，这个世界上，没有一个人是理所应当地为你付出所有的，即使父母对你的爱，也需要你报以尊重、感激和爱。所以，在外面时，门卫大爷帮你开了门，你应该及时说一声“谢谢”；别人伸手帮了你一把，你都应该对对方说一声“谢谢”。每次坐公交车，别人给她让了座，我都会要她说“谢谢”，并且告诉她：“这个座位是别人让给你坐的，你长大后也应该把自己的座位让给有需要的人。”我希望我的孩子在心存感恩的前提下，去充分享受这个社会给予她的所有关爱。

第三，不要随便拿别人的东西。

从孩子小的时候，父母就应该告诉孩子，别人的东西不能随便拿，如果确实想用一下，必须征得对方的同意才可以。孩子很小的时候，分不清哪些东西是自己的，哪些东西是别人的。这时就需要父母明确告诉孩子如何区分。孩子在小时候不随便拿别人的东西，长大后才能在外界的诱惑面前保持一份理智和自觉，因为他心里明白，那些东西本就不是自己的。

第四，自己能做的事情自己做。

父母不要为孩子包办所有的事情，有些事情，孩子自己能够做到的，那就放手让孩子自己去做。让孩子从小就知道，每个人都应该为自己的事情负责任，没有人有义务去为你的生活和学习买单。

我的女儿现在上了幼儿园，早上的时间很紧张，但我还是提前把她要穿的衣服拿出来放在床上，让她自己学着穿衣服穿裤子，然后穿袜子穿鞋出门。我一直有一个教育理念，就是让她成长为一个独立的女孩，从小就养成一些良好的习惯，如自己的事情自己做，不要过多地依靠别人等。

第五，不要随意怪罪别人。

很多老人或父母都有这样一个习惯，就是每当孩子摔倒了开始哭泣的时候，父母就会一边拍着地板，一边假装很生气地样子说："让你绊倒孩子！让你绊倒孩子！"

刚开始我没觉得有什么不对的地方，感觉这只是随意哄哄小孩子而已。但后来我才意识到，这样的做法很欠妥，因为这种方法无法让孩子形成一个正确的责任观念，明明是自己不小心摔倒了，结果无辜的地板倒成了被责怪的对象。长此以往的话，孩子遇到事情，第一个反应不是从自己身上找原因，而是先从外部世界入手，找一大堆与自己受挫的原因不相干的因素来敷衍，这样做非常不利于孩子责任意识的养成。

以上这些基本的规矩意识，是需要父母在平时的教育中注意的。俗话说，无规矩不成方圆，凡事在规矩的范围内行事，才有可能享受到充分的自由。

除了这些基本的规矩之外，父母要做的事情就是给予孩子充分自由的空间，让孩子学着自己去成长。如果他想玩儿玩具，给他玩儿好了，只要他玩

儿 过完之后能够及时把所有玩具收拾好；如果他想去外面跳一次泥坑，那就等到下雨的时候带他去公园，如果玩儿脏了回来换身衣服就可以了。

总之，在规矩的范围内，自由地放飞孩子吧，毕竟每个人的童年只有一次。

正面教养的5个原则

《正面教养》是法国心理学家阿兰·布拉克尼耶的经典之作，它揭秘了父母是孩子一切问题的根源。作者提醒天下父母别想去做一个完美家长，也别奢望教育出完美的孩子。《正面教养》教你抓住关键、用对方法，做一个建设性的家长，轻松、高效地培养出出类拔萃的孩子。

他在书中提到了几种家长类型，分别是超然式的家长、命令式的家长以及建设式的家长。其中，超然式的家长放任孩子，任由孩子去自由发展；命令式家长喜欢监控孩子，总喜欢将孩子放在自己的眼皮底下活动；建设式的家长比较理解孩子，能够站在孩子的立场去考虑问题。在此基础上，阿兰·布拉克尼耶得出的结论是，父母应该做充满爱、有原则、讲道理的家长。

下面，我结合阿兰·布拉克尼耶提出的正面教养的几个原则，具体谈谈我自己对于它们的理解。

第一，无价的爱。

说到无价的爱，我的理解是，爱是珍贵的，一旦错过了，那么就意味着你错失了最为宝贵的爱。在孩子漫长的一生中，父母能够陪伴在孩子身边，而且能够亲密无间地与孩子真正地朝夕相处的日子，最多不超过6年。错失了孩子与你最为亲近的这6年，是任何金钱都无法弥补的。

我很庆幸，在女儿生下来之后，我与先生达成了一致的意见：在孩子上幼儿园的这段时间，我放下工作，全身心地在家照顾孩子，陪伴孩子度过这一段最为无忧无虑的时光。与此同时，我看到身边很多年轻的父母，因为现实条件的制约，无奈地把孩子送回老家，完全交给家里的老人去教养。在孩子成长最为关键的3年时间里，父母看不到孩子学说话、学走路的过程，甚至听不到孩子叫出的第一声“爸爸妈妈”，这段缺失的亲子关系，是父母赚再多的金钱都弥补不了的宝贵时光，这段缺失掉的无价的爱，总归是孩子童年的一个遗憾。

第二，让孩子毫无保留地表达自己的情感。

孩子也有自己的情感，而且很丰富。他会因为少吃了一块糖果而伤心，会因为得到了一个很小的玩具而兴奋一下午，也会因为别的小朋友不跟他一起玩儿，而表现得很气愤。

孩子因为生理和心理发展的不成熟，在表达情感时，往往表现得不够理智，通常的表现方式就是哭闹、发脾气、大笑。很多家长因为孩子哭闹得久了，就会表现得不耐烦，甚至出现打骂孩子的情形。其实，孩子只是通过这种方式在表达自己的情感，如果这时候被父母强行压制住，孩子的内心一定是不舒服的。

所有的情感都需要一个通畅的表达渠道，作为父母，首先要做的事情是先让孩子尽情地释放一下自己的情感，然后耐心地等待孩子平静下来。等孩子平静下来后，再进一步与孩子进行沟通，问问孩子因为什么事情在难过，或者生气，在沟通的过程中，让孩子慢慢能够理性对待自己的情感表达，下次遇到同样的事情时，不至于表现得过于崩溃。从这个角度而言，沟通的过程其实也是一种引导的过程，引导孩子如何更合理地表达自己的情感。

第三，孩子可以让你学会做更好的父母。

作为妈妈，我也容易陷入“自我牺牲”的悲情窠臼之中，总觉得自己是为了孩子的成长做出了一定的牺牲。我相信很多年轻的父母都和曾经的我一样，经常把自己放置在一个“牺牲者”的位置上去看待自己和孩子的关系。

但随着孩子一天天长大，我的这种想法彻底改变了，我甚至感激孩子能够给我一次这么宝贵的机会，让我可以陪着她一起重新经历一次童年，重新正视我的父辈的教育方式，也可以让我跟着她不断地反思自己应该如何做一个更好的母亲。

有时候，孩子比我们想象的要单纯、善良和智慧，很多方面，孩子可以做父母的好老师。从成长的过程来说，我应该感谢这段养育孩子的经历，让我可以变得更加坚韧、勇敢和智慧，并且我很感激我的孩子，因为她的存在，促使我成长为一个更好的妈妈。

第四，消除权威，平等沟通。

我认为，对于一个家庭而言，最完美的形式不是父慈子孝的传统模式，而应该是一种民主、平等的新型家庭模式。在这种家庭模式里，父母可以向自己的孩子请教问题，孩子也可以指出父母做得不恰当的地方，大家平等沟通和交流，通过彼此的建议，一起成长为一个更好的自己。

记忆中有一件让我印象很深刻的事情，有一天接女儿放学回家，她想去家门口的游乐园去玩儿一会儿沙子，我同意了。回家后，我让女儿把满是沙子的衣服脱下来，自己去换睡衣。等我洗完手出来时，我看到女儿将她换下来的脏衣服放到了卧室的床上。我第一反应就是赶紧把衣服扔下床，因为上面满是沙子，但是女儿反问我：“妈妈，衣服有沙子就应该扔到地上吗？”我一时竟然无言以对，听了女儿的解释我才知道，原来在她的眼里沙子并不是脏东西，所以有沙子的衣服也不算是脏衣服，当然不能扔在地上。我耐下心来，慢慢跟她解释，如果沙子掉在了床单上晚上睡觉时会很不舒服的。她这才明白了我的用意，点了点头。

所以，很多时候，民主的家庭模式很好，可以让大家坐在一起坦诚地沟通彼此身上存在的问题，然后积极改正。

第五，学校并不是最重要的。

在学校里，老师可以教给孩子很多文化知识，可以告诉孩子什么是正确的，什么是错误的。但是，真正能够通过日常言行去改变孩子的人，通常是父母。

孩子的天性喜欢模仿，父母和孩子就是相互映照的两面镜子。一般而言，有什么样的父母，就会有什么样的孩子。如果父母知书达理、温文尔雅，孩子的教养也不会差到哪里去；父母平时喜欢看书，孩子往往也会受父母的熏陶，养成阅读的好习惯。

作为父母，通常会把孩子教育失败的原因归咎于学校。可是在社会上，面对一个教育失败的孩子时，通常被指责的对象都是孩子的父母，而不会是教过孩子的学校。

总而言之，父母是孩子一切问题的根源，每对父母都应该不断学习如何从一对并不完美的父母过渡到更加完美的父母。

最大程度减少孩子与父母对抗的4个技巧

几乎每个孩子至少都会有一段与自己父母进行对抗的经历，如果孩子与父母的对抗频率增多，强度增强，已经超过了正常的亲子沟通范畴，那么父母就应该进行反思了，是不是自己的教育方式出现了问题，导致孩子与自己离得越来越远了呢？

一般来说，孩子在成长的过程中，会经历三个逆反期，父母需要提前了解孩子在这三个逆反期的具体表现，以便能够在与孩子沟通时做到“知己知彼，百战不殆”。

3岁，是孩子的第一个逆反期。

孩子在3岁左右，自我意识开始觉醒了，会对父母的一些要求和安排表现得比较叛逆，父母告诉孩子今天天冷了，应该穿件外套，结果他偏偏就不穿。作为父母，我们应该正确对待孩子在这个时期表现出的逆反行为，以便引导他成为独立的个体。而这个时候，如果父母一味地压制孩子的反抗，那么他长大后的性格往往容易趋于软弱或者优柔寡断。

8岁左右，是孩子的第二个逆反期。

中国有句老话，“七八岁，讨狗嫌”，说的就是孩子的第二个逆反期。这时候的孩子，总喜欢以“大人”自居，时时处处想证明自己是一个有想法、有个性的独立者，所以经常与父母的想法发生冲突。有位朋友说：“我女儿8岁了，总是很任性，教育她的时候，她也总是由着自己的性子来，直到大人真的动怒了，她才不情愿地表现出顺从的样子，其实心里还是不太乐意，真是让人头疼。”这个表现其实就是孩子在8岁左右时呈现出来的逆反心理，不想听从父母的建议，喜欢坚持自己的想法。

青春期，是孩子的第三个逆反期。

孩子进入青春期后，他的独立自主意识会表现得更为强烈，但又因为他的思想尚处于一个不成熟、不稳定的阶段，做事情往往比较冲动，不计后果。一般而言，孩子在青春期的逆反心理最为严重，需要父母有效引导，帮助孩子度过人生的这个艰难阶段。随着孩子成长，其生理、心理各方面越来越成熟，他们想问题时就会逐渐地理性、成熟一些。

作为父母，我们要理解孩子在这三个逆反期的具体表现。如果你的孩子在这三个阶段出现了一些逆反的表现，处处与你相对抗，父母大可不必大惊小怪，觉得孩子是不是学坏了，是不是走向了歧途，而应该付出更多的精力去陪伴他、引导他、爱护他，相信等孩子过了这个年龄阶段，这种逆反行为会逐渐减少，乃至消除。

一些父母不了解孩子在逆反期的正常表现，容易心态失衡，在与孩子沟通时表现得非常唠叨、焦虑。有的父母因为伤心，会采取放任不管的方式去对待孩子，而另外一些父母则会因为气愤，直接采取简单、粗暴的教育方式，通过责骂、控制甚至毒打的方式去压制孩子，这样更容易激发起孩子的逆反心理，严重的还可能会将孩子推向犯罪的深渊。

我们先看看下面这个案例。

我儿子今年8岁，从小就性格执拗，他想做什么事，买什么东西就必须要办到，否则就紧紧抱住我的腿，不让我做任何事，任凭我讲什么道理，他就是不听。有时为了一些无理的事把我吵烦了，我就打他，他甚至可能和我对打。事情过后，他也知道自己错了，但就是改不了。有时，他自己也说，他什么都知道，就是一耍横就什么都顾了。原本以为孩子大一点儿，上学了可能会好一些，现在看来，上学以后虽然类似的情况有所减少，但仍然时有发生。我真担心将来孩子大了，这个毛病改不了，可怎么办。

如果你的孩子出现了与你对抗的行为，你不妨尝试一下这几个方法。

第一，父母尽量先冷静下来。

如果你的孩子开始与你对抗了，你要做的第一件事情是先冷静下来，尽量不要与孩子进行激烈的对抗。要知道，在激烈的对抗状态下，无论你说了什么，孩子都不可能听进去一句话，他甚至还会因为你的激烈情绪，做出更强烈的对抗行为，那就得不偿失了。

尽量试着以温柔的话语表明自己的态度，明确地告诉孩子“你先安静一下，等会儿再跟爸爸妈妈沟通好不好？”以静制动，是成功的第一步。

第二，父母应以“建议”代替“命令”。

你如果觉得孩子的想法真的不正确，也请不要直接以命令的方式告诉他必须要听你的话。而是换一种方式，比如，可以说“爸爸觉得你这样做可能更好一些，不信你试试看”。建议完了之后，将选择权交给孩子，先让他自己考虑一下你的建议。也许，他会改变想法。

像前面提到的，女儿去商场时非要背着自己的小书包，我们觉得这样会很累，建议她不要带书包，但她想了一下，坚持要背着。女儿试了一次后，第二次去商场，再也不提要背自己的小书包了。

第三，陪着孩子去实践一次他的想法。

如果你进行了认真耐心的沟通之后，孩子依然坚持自己的意见，那就不妨陪着他一起去实践一下他的想法。

前面提到的另一个例子。一位妈妈陪着自己的孩子一起去网吧，然后对孩子说，下次换个好的网吧，这里的环境不太好。孩子觉得妈妈这么理解自己，也放松下来，仅把网络当作一个很普通的消遣工具，既没有沉迷其中，也没有影响学习。

我想，这种理解，也许远比大喊大叫跑到网吧里，揪着孩子的耳朵把他拽出来的方式好得多。

第四，在孩子面前适当地“示弱”。

人的本能总喜欢与强者进行对抗，因为这样赢了之后，他内心会有一种自豪感。与其作为强者，去与孩子正面碰撞，倒不如在适当的时候向孩子“示弱”。

有个孩子在谈到自己是如何走出了青春叛逆期时，说了这样一段话，这段话甚至感动得我想要流眼泪。他说：“与妈妈争吵时，我大吼了一句‘我要搬出去住！宁可做流浪汉也不要你管！’我妈突然弯下身来，眼泪鼻涕一起往下流，颤抖着说了一句让我终生难忘的话，‘妈妈只是一个弱女子……’在这个破败寒冷的屋子里，我紧紧地抱住了她。”

其实每个叛逆的孩子都只是在用对抗的方式，向父母表达自己内心的想法与观点。作为父母的我们，要理解孩子的心思，并且以十足的耐心和爱意去引导孩子慢慢地走向正确的轨道上来，切不可用暴力去压制孩子。

榜样的力量——行动比语言更有说服力

父母是孩子最好的榜样和老师，你希望你的孩子变成什么样子的人，那你就先让自己变成那样的人。

如果你想要教会孩子一件事情，那么就行动起来吧，因为实际的行动远比语言要有力得多。

妮可勒是一个德国人，也是两个孩子的妈妈。孩子出生后，她和丈夫就轮休国家规定的带薪育儿假，悉心照料孩子成长。她告诉记者，德国政府给家长育儿假为家长解除了后顾之忧，也对家庭教育提出了严格要求。平时，妮可勒和丈夫非常注意言传身教：带孩子坐无人检票的公交车时，教孩子学会上车前自主买票；带孩子过马路时，即使没车也不会闯红灯；与别人约会前，在笔记本上记录下时间，做到准时赴会；给孩子建立儿童银行账户，从小不赖账……“教育孩子诚实守信，家长必须做出榜样。”妮可勒说。

在德国，若哪位家长对孩子管教不严，自己不能做好榜样作用，邻居或亲友就会将情况报告给青少年局。不称职的父母可能眼睁睁看着自己的孩子被强行送到青少年机构，或经过严格审核的家庭寄养。

在中国，父母应该成为孩子的榜样这件事情，没有法律的硬性规定，主要依靠父母的自觉，而父母的素质不尽相同，这也导致父母为孩子树立的榜样作用良莠不齐。我认为有必要与广大父母探讨一下，应该在哪些方面为孩子树立良好的榜样作用。

第一，父母应该给孩子做守信用的榜样。

如果你想要自己的孩子成为一个诚实的人，那就从自身做起，在孩子面前做到“言必信，行必果”，成为孩子守信的榜样。

在《曾子杀猪》的典故中，母亲见孩子哭闹就哄孩子别哭，说回来杀猪煮肉给你吃，不料，父亲曾子真的把家里的猪宰杀了。这是家长守信的正面案例。这里也有一个反面的案例。餐厅里一家三口落座，发现桌上有部手机。男士拿起来看了一番，确认是完好的；女士东张西望之后，一把将手机塞进包里，然后饭也不吃了，两口子带着小孩匆忙离开。古人曾子用自己的行动教育孩子要言而有信，诚实待人；而后面案例中这对父母却用自己的行动告诉孩子：捡到东西可以据为己有。这样的父母简直就是孩子贪小便宜的坏“榜样”。

第二，父母应该给孩子做尊重别人的榜样。

如果想要让自己的孩子成为彬彬有礼的好孩子，请在孩子面前树立一个尊重别人的好榜样。你用什么样的态度跟别人说话，你的孩子也会以什么样的态度去对待别人，一些孩子在外面不懂得尊重别人，说话不讲文明礼貌，这跟父母平时的教育息息相关。

我的女儿出生后，我迷上了烘焙，有时间便会做一些糕点给孩子吃。过年的时候，我特地做了一些糕点，和先生带着女儿一起去了小区的三个门卫室送给保安师傅吃。我对女儿说，平时这些叔叔、爷爷都很照顾你，每次你出门，他们都会帮你扶着门，你进出都应该和他们打一声招呼，以示尊重，并且应该要对他们说一声“谢谢”。通过这样一件小事，我让孩子学会了尊重和感恩。

第三，父母应该给孩子做坚持的榜样。

如果你不想让自己的孩子做事情三天打鱼，两天晒网，那就从自身做起，为孩子树立一个坚持的好榜样。只有让孩子看到父母在努力追求目标，并且咬牙坚持下去的行为，孩子才有可能在艰难的事情面前坚持下去，不轻言放弃。

第四，父母应该给孩子做孝顺的榜样。

孝顺更是如此，你应该从细节上做到贴心和用心，孩子也会深切感受到你对老人的这一片心意。你在孩子面前，坚持把第一块糕点留给老人，孩子看到了，也会学习你的孝心。

著名的画家张大千先生就是这样的一个正面例子。先生去世后，他的女儿回忆起父亲时，说起过小时候的一个故事。

我的祖母突然病重，当时身在外地的父亲知道后，放下手头工作立马就赶回了家中，刚进家门，东西随便一扔，就直接跑到祖母的房间，“扑通”一声跪下，痛哭流涕地表达自己的歉意。在祖母生病期间，他一直在身边尽孝道，给祖母洗脚、修脚，每天睡觉前还会拉着我去看祖母，看看被子盖好没有，看到祖母一切安好后再慢慢地掩门出去。

那时张大千先生做的这一切，一直影响着他的女儿，她当时就想，要一辈子都好好地孝敬祖母和父母。

第五，父母应该给孩子做遵守规则的榜样。

德国很多城市的十字路口都竖着这样的牌子，上面写着：“为了孩子请不要闯红灯！”据了解，自从有了这些牌子，乱闯红灯的行人和车辆明显减少。试想一下，如果仅仅写着“请不要闯红灯”，那么遵守交通规则的人一定少得多。正因为写了一句“为了孩子请不要闯红灯”，才会触动很多做了父母的人，他们在过马路的时候，都会在第一时间想一下，自己闯红灯的行为会给孩子造成什么样的影响。

有人说：“一个榜样胜过书上二十条教诲。”请父母好好想一下自己的榜样角色吧。记住那句话，你想要孩子成为什么样的人，那就首先让自己先变成那样的人。

第八章

接纳，是对孩子最有效的管教

接纳孩子，是对孩子最有效的管教方法，这个方法远比强力管制要有效得多。每个孩子生来都是不一样的，他在某个方面可能没有天赋，但却有可能在别的方面成为天才。父母应该做的就是去接纳孩子所有的天分、情感和情绪，努力理解孩子的行为及心理，然后有的放矢地针对孩子的具体问题去引导和教育。但父母也应该记住，接纳并不意味着放纵，而是在接受了孩子的现状之后，慢慢找寻合适的方式去引导孩子重新走到正确的道路。

允许孩子按照自己的节奏成长

养育孩子的过程，就好像精心浇灌一盆花朵一样，你心里再着急，也要遵循他的成长规律，不能“揠苗助长”拉着他提前成长。

社会中不乏一些提前升入大学的“小神童”，他们在学业上的成就的确是值得肯定的。但是，我并不认为这种教育方式值得所有人去学习。

我曾经与先生认真地讨论过这个问题，我问他如果我们的女儿有朝一日也足够优秀，完全具备了跳级的能力，你会选择让她跳级吗？我的先生很坚定地回答说不会。我问为什么，先生说，什么样的年龄就干什么年龄段的事情，即使跳级成功了，孩子的身心发展程度跟别的小孩子都不在一个水平上，在日常的交流和沟通中一定会觉得很孤单，我们不能为了她的学业而忽视了她应该就享有的其他乐趣。

这让我想起了那个考上了博士的“小神童”张炘炀，他的超乎正常人的升学速度的确让我们很震惊，但后来他却表现出了严重的“揠苗助长”的后遗症。

在16年的人生中，他的父母过于看重他的学业，在他的学习成绩上倾注了过多的心血，却忽略了其他方面的教育，等他真正长大后，却发现这个社会考验他的，并不仅仅是成绩，还有他的思想、心智、生活能力等各方面。也许他在学业方面考了100分，但在心智方面却不及格，这样的教育不能算是真正的成功。

除此之外，我还听到过一个男生考上了大学，却发现自己完全没有独立生活的能力，衣服不会洗，生活不能正常进行，只能依靠母亲陪读来解决自己生活上的困难，这样的孩子即使学业再优秀，最终也只能是一个可怜的、失败的孩子。

这些错误的根源在于他们的父母，在孩子本该正常生长的阶段，让他丧失了可以像别的孩子一样健全发展的可能性，最终成为一个被社会嘲笑的“问题孩子”。其实，我们最该嘲笑的人，是他们的父母，是他们的错误观念，扼杀了孩子正常发展的天性和能力。

父母应该尊重孩子的生长节奏，切忌揠苗助长，否则你和孩子一定会品尝到违背自然规律的苦果。父母一定要明白以下几点。

第一，孩子在不同的年龄阶段会表现出不同的性格特征。

有学者总结了不同年龄阶段的孩子所表现出来的性格特征：1~2岁是孩子对世界认知的起始阶段，他们开始对所有的事物感到新鲜和好奇，并想做各种各样的尝试；3~4岁的孩子会对别人和周围的世界有更深刻的认识，他们能够意识到与别人的互动以及别人的情感，因此，父母如果想要培养一个高情商、懂礼貌的宝宝，就要从这个阶段开始引导了；5~6岁的孩子对怎么处理问题有了自己的想法，所以在这一阶段你准备告诉孩子要“怎么做”的时候，他们会很自然地问你“为什么？”； 7~8岁的孩子特别容易喜新厌旧，他们可能很快对一种东西感兴趣，又很快失去兴趣；9~10岁的孩子特别渴望与外界交流，而且他们对友情的需要特别强烈，往往会因为朋友的离开而感到孤独，但同时他们也需要一定的私人空间，如果父母盯得太紧，他们开始会产生一些抗拒的情绪。

因此，作为父母，我们要尊重孩子的成长规律，学会用发展的眼光来看待孩子在不同年龄阶段所表现出来的性格特征，并且要学会耐心地针对孩子的特性施以正确的教育和引导。

第二，相信有“得”必然会有“失”。

天地万物都有自己的运行规律，我们一直强调要尊重自然，要按照自然

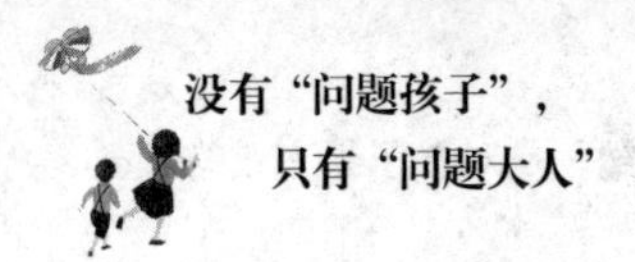

发展的规律去利用它来为人类造福，可是一放到孩子身上，父母的心理就失衡了。

我觉得所有的父母应该时刻记住这句话：凡事有“得”必然会有“失”。明白了这个道理，你才会在孩子的教育问题上保持一份淡然和冷静。你想要孩子在学习上以超乎寻常的速度往前跑，这没有错，但前提一定得与孩子的身心发展程度相匹配。如果孩子的心智、生活各方面能力尚未发展到一定的程度，我不建议你过早地把孩子推向一个陌生而又孤独的境地。等孩子进入到这个陌生的境地里，会因为身心发展的不完善或者一些不当言行而受到整个社会的嘲笑，这对孩子来说，反而是一种伤害。

第三，尊重孩子的发展意愿。

孩子的未来有许多种可能，不能因为父母想让孩子成为钢琴家，就逼着孩子去弹琴。

有个女孩谈到自己被逼弹钢琴时的经历时，这样说：“我从4岁被逼学小提琴和舞蹈。兴趣是可以被培养的，但能培养到什么程度呢？现在我20岁，快要大学毕业了，以后我应该不会坚持了。我真的是没有这方面天赋的人，这一点我心里很清楚。我从小都努力做到不挨批评，可是事实上，因为练琴，我却没少挨批评。”

如果你不想让你的孩子有这样痛苦的经历，那就请尊重孩子自己的发展意愿，问问他想要成为一个什么样的人，他真正喜欢做什么，然后合理引导和支持。

对于孩子来说，兴趣是最好的老师。我们要尊重孩子的成长节奏，不要逼迫孩子成为我们想象中的那个孩子。

接纳孩子的感受，是接纳孩子的第一步

提起感受，很多父母都会觉得这是一个太过笼统的概念，甚至会觉得用在家庭教育方面有点奢侈。其实，很多被父母忽略的孩子的感受，恰恰是建立融洽亲子关系的关键。

在现实生活中，你能指望孩子天天坐下来一本正经地跟你好好讨论某个话题吗？我想不会。但是很多时候，孩子会通过跟你表达各种各样的感受来试图与你交流，但遗憾的是，很多时候父母忽略了孩子的具体感受，只是快刀斩乱麻地告诉他什么是正确的，什么是错误的。

孩子说："妈妈，我的膝盖受伤了。"而妈妈正在厨房做着饭，头也不抬地说一句"是吗，那你自己揉一揉"；孩子说："妈妈，我今天不想去幼儿园了。"妈妈拿着他的书包对他说："是不是又装病？怎么能不去呢？"孩子说："妈妈，我今天不想跟那个小朋友一起玩儿了。"妈妈直接怼他一句"好好的，又怎么了？小屁孩怎么那么多事"，又或者干脆装作没听见。

其实，孩子试图在用这些心理的感受向父母表达一种情感，他再小，也希望自己的诉求能够得到爸爸妈妈的回应。

所以，父母要用心去接纳一个孩子的情感，并且一定要给予孩子温暖、及时的回应，让孩子感觉自己的世界是温暖的。如果孩子的情感能够被你所接纳，那么你将会得到这样一个孩子：

第一，孩子没有那么多的挫败感。

如果你能够及时回应孩子的情感，那么你将会得到一个无比自信的孩子。比如孩子提出："妈妈，可不可以陪我玩儿一会儿积木？我想和您一起搭个房子。"如果你正在厨房做饭，没办法陪孩子玩儿，可以这样回应孩子："当然可以啦！不过妈妈还得10分钟才能做好饭，你愿意等妈妈一起搭房子吗？”这样的回应会让孩子觉得自己的要求得到了父母的重视。坚持回应孩子的所有要求，孩子的内心将会是满满的自豪感，他会觉得自己是一个能够得到别人重视的孩子，这样的孩子长大后，不会有那么多的挫败感。

第二，孩子会愿意主动进步。

能够接纳孩子所有情感的父母，会充分理解孩子所有的喜怒哀乐，会因为孩子的一点点小成绩而为他感到骄傲，而不会总是以很高的标准去要求孩子。能够被父母诚心接纳的孩子，能够感受到父母对自己的鼓励和信任，也愿意通过自己的努力去赢得父母更多的鼓励和信任。

比如孩子气喘吁吁地跑完了2000米，累得瘫倒在了地上。懂得接纳孩子的父母会跟孩子说：“孩子你真棒，爸爸没想到你这么能坚持。”不懂接纳孩子的父母则会跟孩子说：“你看别人跑2000米都没事，就你喘成了这样！”对于这两类父母的做法，我想，前面的那个孩子坚持跑下去的机会也许会更大一些，而且他一定是带着快乐的心态在跑步。

第三，孩子会比较开朗乐观。

每个孩子都有长处，也有自己的短处，父母应该及时肯定孩子的长处，并且善于引导孩子去弥补自己的短处。四川遂宁射洪县有个孩子叫蒋天健，与班里同学不一样，他自幼没有双臂，只能用右脚做功课。但他的妈妈告诉他说：“孩子，你虽然没有手，但是你有脚，你可以用脚做和我们一样的事情。”他的班主任陈秀华老师还鼓舞他应勇敢面对现实，和同学们一起玩耍。在妈妈和老师共同的鼓励和教育下，小天健竟然成了“双优生”。

我们也应该多看看这类伟大母亲的例子，一个无臂的孩子都能被父母和老师教育得这么阳光、乐观，我们这些有着健康孩子的父母，又有何理由不去接纳孩子的一切呢？

第四，孩子会有满满的安全感。

有的时候，接纳也是给予对方安全感的一种方式。我对此深有体会，从小妈妈就比较疼爱我，而我认为疼爱我的方式，不是给我穿多好的衣服，让我吃多好的饭，而是对我的包容和理解。当我不开心的时候，我可以在妈妈怀里大哭一场，当我偶尔考试失利的时候，妈妈总是安慰我没关系，下次考好就行了。当我遇到挫折的时候，妈妈总是对我说："身体最重要，身体垮了，要再多的东西又有什么用？"

因为妈妈对我全面地包容和接纳，让我觉得自己的内心总有一种很安全的感觉，就是即使全世界都抛弃了你，还有一个人愿意接纳你的全部挫败和狼狈。妈妈越这样包容我、理解我，我越愿意努力去拼搏，因为我觉得心里一直有一个可敬的妈妈在做我的坚强后盾。

所以生了女儿以后，我一直跟她说："宝贝，记住，你以后有什么事情都可以跟妈妈说。"而且，我也愿意倾听并且接纳她的一切。

接纳孩子感受的5个技巧

前面谈了很多关于父母接纳孩子情感的必要性，那么，父母究竟应该如何去接纳孩子传递给我们的感受呢？我结合自己的育儿经验，为大家总结了以下5种接纳孩子情感的技巧，以此共勉。

第一，不要无视孩子的任何表达。

作为父母，我们不能无视孩子的任何情感表达，哪怕他在哭闹，或者是在发脾气，父母都不能把孩子完全当成空气一样的存在。孩子的内心世界非常敏感和脆弱，有时他也会像大人那样，觉得自己的心情很低落或者很恐惧，但他又无法像大人那样通过跑步、聊天、唱歌等方式排解、发泄出去，他所能排解自己内心忧伤的办法，也许只有哭闹或者发脾气而已。

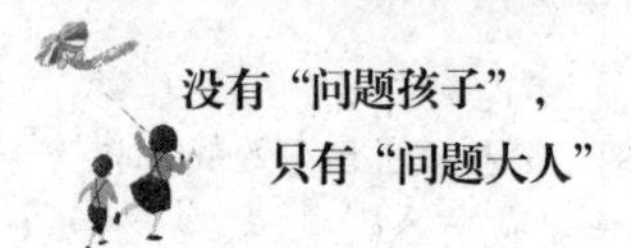

作为父母，我们应该对孩子的处境表示一定的理解，而不是责骂或者嘲笑他。如果你认为孩子的表现已经超出了正常的情绪发泄范围，可以耐心地告诉他。

第二，拿出“专门时间”陪伴孩子。

父母的工作再忙碌，也应该抽出一些“专门的时间”来陪伴自己的孩子，那些以工作忙碌为由的父母，把孩子完全丢给老人、保姆的做法，是极其不负责任的。

美国教育专家帕蒂·惠芙乐特别提到，这个“专门时间”指的是父母放下其他事情，专门和孩子一起放松的互动时间，但不是漫不经心地放松，而是随时注意孩子的表现，包括孩子的讲话、表情、语调、姿势、动作等，权当自己完全不了解孩子。在这个时间里，让孩子做主，放下大人的架子，任孩子支配，表现出对孩子的欣赏，不去指导孩子的行为，甚至扮演弱势的角色。

这个“专门时间”哪怕只有10分钟也可以，只要在这10分钟的时间里，你确定自己是用了所有的心力在陪伴孩子，能够让孩子感知到你对他的关爱和接纳就可以了。

第三，坚决不对孩子说出抛弃他的话语。

有些家长在教育自己的孩子时，刚开始还比较有耐心，但等到孩子依然无动于衷的时候，父母就开始着急了，一着急就开始采取简单、粗暴的恐吓方法，对孩子说“你再不听话，我就不要你了”，“你再哭，我就让大灰狼把你叼走”等话语。这些恐吓孩子的办法也许暂时会有效果，但会严重伤害孩子的安全感，弊多利少。

曾经有位朋友跟我说，她的妈妈是个农村妇女，不懂得如何教育孩子，遇到孩子不听话的时候，就一直发脾气推开孩子说“我再也不要你了！”她说妈妈的这种教育方式让她内心特别痛苦，她的妹妹后来在妈妈的这种恐吓之下变得非常脆弱、敏感，经常撕心裂肺地大哭，害怕妈妈会把自己丢掉。

我很能理解她们的成长历程，天天活在一种被抛弃的恐惧里，即使长大了，身上也总是带着自卑和恐惧的阴影。

第三，可以引导孩子通过画画来表达自己的情感。

父母可以给孩子买一些画板、蜡笔和纸张，引导孩子通过画画表达自己的情感。如果父母感觉自己跟孩子进行直接的语言沟通会存在困难，不妨引导孩子随心所欲地画出自己心里所想象的东西。一般而言，儿童会毫无保留地把自己的想象和情感以图画的形式表达出来。从某种角度来说，画面就是孩子心灵的窗户，是孩子性格的自然流露。通过绘画作品，我们可以洞察儿童丰富多彩的内心世界。

我的女儿经常通过不同的形象来表达“家人永远在一起”的美好心愿。在她画的画里面，经常出现“兔爸爸、兔妈妈和兔小宝”的场景，或者就是用大中小三种不同型号的水杯或者三个圆圈来代表爸爸、妈妈和她自己。我们明白，女儿通过画画在表达自己对于幸福的最初理解，那就是爸爸妈妈和她永远在一起。

第四，接纳情感，而不是接纳所有的表达情感的方式。

作为父母，我们应该接纳孩子的所有情感，并且尝试理解孩子情感迸发的原因和出发点。但需要注意的是，父母接纳孩子的情感，并不意味着接受孩子一切表达情感的方式。比如，我们可以接受孩子难受的时候哭闹，但不意味着我们要去接受孩子的撒泼打滚、无理取闹，这两者之间还是有一定的区别的，父母一定要区别对待。

如果孩子表达情感的方式超过了正常的行为范围，就已经变成了一种要挟或者蛮横的方式，父母一定不能毫无原则地任由孩子去摆布，如果孩子通过撒泼的方式得到了他想要的东西，那么下次他会觉得这个办法很有效。所以，面对孩子不合理的情感表达方式，父母一定要采用合适的方式，引导孩子尝试管理自己的不良脾气，比如你可以提醒孩子，“利用哭闹的方式不会得到任何东西，而且晚上还有可能不能看动画片了”，让孩子慢慢学会用合理的方式表达自己的情感。

接纳在建立和谐的亲子关系方面有十分重要的作用，只有从内心真正地接纳了孩子，才能真正地理解孩子的内心想法，通过适当的方式不断引导孩子向更好的方向发展。真正的接纳，唯有付诸实践才能发挥它应有的作用，如果父母只是动动嘴皮子，口口声声对孩子说着“我理解你”，却不能够耐心去倾听一下孩子的心里话，那么这样的接纳只会流于表面形式。

切记，父母一定要保持一定的警醒心理，接纳孩子的所有情感，并不意味着没有原则地去接纳孩子所有的情感表达方式。

接纳孩子的不完美

TFBOYS组合有首歌叫作《不完美小孩》，向自己的父母表达了他们内心的感谢之情，其中部分歌词是这样的：

当我必须像个完美的小孩
满足所有人的期待
你却好像格外欣赏
我犯错犯傻的模样
我不完美的梦
你陪着我想
不完美的勇气
你说更勇敢
不完美的泪

你笑着擦干
不完美的歌
你都会唱
我不完美心事
你全放在心上
这不完美的我
你总当作宝贝

这首歌里有几句歌词很打动我，“当我必须像个完美的小孩，满足所有人的期待，你却好像格外欣赏，我犯错犯傻的样子”。还有另外这一句——“这不完美的我，你总当作宝贝”。这是很多孩子心目中所期待的父母的样子，无论自己多么不完美，都渴望父母依然能够把自己当作手心里的宝贝。

矛盾的两方面，在一定的条件下是可以相互转化的。你认为是孩子的缺点，在适当的引导下，也有变成优点的可能。

郑渊洁：我不是差生

童话大王郑渊洁小时候是个“差生”，因为他总是调皮捣蛋，他的老师训斥他：“咱们这个班里，最没出息的就是你！”郑渊洁不服气：“我作文好，我有想象力，咋就没出息？”果然从未上过大学的他成了当代颇有影响力的童话作家。当有人问他成功的秘诀是什么时，他说了这样一句话：“我找到了最佳才能区，每个人都有自己的最佳才能区，这是上帝赋予每个人的特殊能力，是任何人代替不了的。”

在和皮皮鲁的对话录中，郑渊洁正话反说，描述了家长毁掉孩子的7种不当言行。其中一条是“让孩子觉得自己什么都不行，没人赏识他。例如学习不行，长相不行，交际不行，干家务不行，马虎、粗心，让家人为他受累……总之，他没有行的地方。”另外一条是这样说的：“你一定要当着外人（或同学或亲友或邻居）损他，贬他，让他无地自容。从心理学角度讲，这样做能使一个人产生惧怕社会的心理，产生自惭形秽的念头。而一个惧怕社会和自惭形秽的人是很难立足于社会的。”

我想，这么可怕的结果，应该没有一个父母愿意去尝试。但是在现实生活中，很多父母在不知不觉地扮演着“恶魔”的角色，毫不留情地把自己的孩子看得一文不值。

不想毁了你的孩子，那就好好地去爱孩子吧，爱他所有的完美和不完美的地方，努力引导他成为一个更好的孩子。天下没有十全十美的孩子，父母应该做的事情就是不断发掘孩子身上的闪光点，哪怕是透过孩子的缺点和问题，也要努力看到孩子身上能够发光的潜力。

我“爱哭”的女儿啊，妈妈永远爱你

我的女儿身上有很多优点，比如她从不撒娇哭闹非要父母给她买某一件东西，也会自己的事情自己做，3岁半就已经自己学着系扣子了。如果不了解女儿的人，见到她的第一印象一定会觉得女儿非常爱笑。是的，她特别爱笑，笑起来眼睛可以眯成一条缝。但是，我的女儿其实还有个让我头疼不已的“毛病”，那就是爱哭，而且哭起来经常是全情投入，撕心裂肺，几乎投入了十分的情感。

在公园玩儿，她愿意把所有好吃的东西拿出来跟小朋友一起分享，但有些东西，比如她的自行车和滑板车，她就非常排斥跟小朋友一起分享。别的小朋友把她的自行车骑走了，她会哭得撕心裂肺。别人把她自己捡的小蜗牛踩碎了，她也会哭得撕心裂肺，就好像她自己被踩碎了一样伤心。

怎么办呢？

1.我选择接受这个事实。

我一度不知道该如何安慰爱哭的女儿，很多次，我告诉她：这个世界上，通过哭是得不到任何东西的，相反你还有可能会失去一些东西，比如晚上不能听故事了。后来，女儿会一边大哭，一边大喊“我不哭了，妈妈，我不哭了”，然后用自己的小手擦着脸上不断流下来的眼泪。可是没多久，她爸爸需要出差了，她在大门口抱着爸爸的大腿，哭得撕心裂肺，舍不得爸爸离开家。

经过很多次的引导，我逐渐接受了我的女儿爱哭的事实，并且尝试换个角度去理解她的这种哭泣。女儿爱哭，也许是天性使然，这是任何方式都改变不了的事实，既然改变不了，那就试着接受。作为父母，她的任何天性都是我们给予的，也许，她也不愿意变成这样爱哭的女孩。这样想了之后，我对她的哭泣多了很多的理解，自此以后，看到她在哭泣时，我也没有那么焦虑和担忧了。

接受不能改变的事实，也许是对双方最好的教育方式。

2.想想不完美背后的“完美”。

紧接着，我开始尝试理解女儿哭泣背后的另外一层特质。女儿很爱哭，她两岁多时看到电影里的小精灵被卖了，就会跟着一起哭，但这恰恰说明她是一个真性情的女孩，想笑的时候笑，想哭的时候哭，这样的性格其实也挺好。

再者，她很善良，她很爱哭，说明她情感丰富多彩，内心也细腻、温暖。她这么小，就知道爱护爸爸妈妈，也知道爱惜每一个小动物，会忍痛割爱把桶里的小鱼倒回小河里，让它们去找自己的爸爸妈妈。也经常出去喂小鸟，连丑陋的小虫子飞过去，她都会欣喜地大声问：“小虫子的爸爸妈妈呢？”

我的女儿也有不完美，但我努力透过“不完美”去看到她的“完美”。希望所有的父母，也都能换一个角度去看待孩子的不足，也许他的不足，恰恰是托起他美好未来的一个“法宝”。

接纳不是接纳所有，而是理解和引导

我们说接纳孩子的情感，并不意味着要接纳孩子的所有，而是要学着理解孩子，并且采用合适的教育方法去引导孩子变得更成熟、更理性。

我们不能无条件接纳孩子的所有，指的是我们可以无条件接纳孩子的所有情绪和情感，当孩子因为某件事情表现得特别难过、伤心和气愤时，作为父母，我们应该去理解孩子的这种情绪状态。但不能让孩子肆无忌惮地去发泄自己的情绪，甚至撒泼打滚。当然，在孩子表达难过、伤心和气愤的情绪时，作为父母，我们一定要引导孩子慢慢学会用正确的行为去表达自己的情绪，而不能胡搅蛮缠。

我们看看下面这个案例。

9岁的国翔是个活泼的小男孩，在某小学读三年级，学习成绩也很好，唯一不好的就是小小年纪脾气很大。有一次，因为父母不同意他星期天到游乐园游玩，他就感到非常愤怒，于是冲进自己的房间，握紧拳头往墙上猛击，一面哭一面打，直至双拳血肉模糊。见此情景，他爸爸气得揍了他一顿。他妈妈要给他上药，他也反抗，之后倒在床上大哭。搞得他爸妈一点办法都没有。

上面这个案例中的国翔，因为父母没有答应自己游玩的请求，就发起了脾气，类似的场景在生活中并不鲜见。孩子因为得不到某件心爱的东西，或者家长不能满足自己的要求，正常的情况下都会有点小情绪和小脾气，如果让孩子通过适当的方式发泄一下，对他的身心健康都是有好处的，作为父母也不必上纲上线。但是例子中的小国翔发脾气的方式有点过火了，“握紧拳头往墙上猛击，一面哭一面打，直到双拳血肉模糊”，这样的发泄情绪的方式是极端的、错误的，国翔的父母应该认真、严肃对待这件事情，等孩子平静下来之后，好好地跟孩子沟通一下，让他意识到自己的情绪表达方式有多么的过分。当然，作为父母他们也应该反思自己的教育方式，找出问题的根源，和孩子一起努力改变这种状况。

父母应该如何正确地引导自己的孩子发泄情绪呢？大家不妨尝试以下几个方法：

第一，以身作则，父母先控制好自己的脾气。

想要孩子合理地发泄自己的情绪，父母首先要以身作则，为孩子树立一个良好的榜样。作为父母，在孩子面前，一定要尽量克制住自己的暴躁脾气，尽量以平和、冷静的方式去沟通和处理问题。

有一天下午，我接女儿放学回来，先带她去公园玩儿了一会儿。当时女儿跟我提出想跟阳阳一起玩儿，但在路上又正好碰上了青青叫她一起玩儿，于是女儿一边跟青青玩儿着，一边又着急去找阳阳，结果在玩儿的过程中因为一点小事就有了情绪，开始大哭不止，我蹲下来安慰她说，阳阳可能已经回家了，不如跟青青好好玩儿。但女儿变得更伤心了，一边哭一边要回家，变得有点无理取闹了。我当时内心波动很大，几乎要发火了，但还是默念了很多遍的“冷静下来，试着理解她的心情”。冷静过后，我把她带回了家，先让她自己在房间里冷静了半小时，然后耐心地跟她分析了一下她的表现，告诉她下次尽量不要以哭闹的方式去表达自己的情绪，有什么事情可以先跟父母好好沟通。

第二，理解并且允许孩子释放自己的情绪。

有医学研究证明，当人悲观、沮丧、情绪低落时，体内的复合胺和多巴胺都会降低，因为复合胺能调节人体对疼痛的感知能力，所以当人情绪悲观、沮丧时，一般会有种种疼痛和不适感。对此，有医学专业人士解释说：“七情六欲，都属于正常的精神生理现象，各种情志活动都有抒发感情、协调生理活动的作用。但是临床实验证明，当愤怒、悲伤、忧思、焦虑、恐惧等不良情绪压抑在心中而不能充分宣泄时，便会对健康产生危害，甚至会引起疾病。”

因此，让孩子憋住情绪不发泄出来，实则是在伤害孩子的身心。父母一定要理解孩子的情绪，并且允许孩子将自己体内的不良情绪释放出来。

第三，事后跟孩子耐心地分析一下他的情绪表现，并理解他的情绪。

等孩子冷静下来后，父母应该找合适的时机跟孩子好好分析他刚才的行为表现，让孩子认识一下他刚才的情绪起因，比如，“你刚才是不是因为小朋友抢走了你的玩具，才生气的对不对？”“你刚才是不是因为小朋友要回家，不能跟你一起玩儿了，你才伤心的对不对？”

紧接着，让孩子正视自己刚才的情绪表现。你可以帮他回忆一下他刚才的行为表现，比如，“你刚才生气的时候一直在跺脚，你还记得吗？”“你刚才哭得时候，声音太大了，周围的小朋友可能都吓到了，你还记得吗？”通过这样的分析，让孩子知道自己刚才的表现有多么“不合适”，在孩子反省的时候，及时地引导孩子下次有情绪的时候，尽量以合适的方式发泄出来，比如，建议他你找爸爸妈妈交流，把气愤或者伤心的事情表达出来。表达其实是一种发泄情绪的最佳方式，父母可以引导孩子通过表达来释放内心的各种情绪。

相信通过上面的分析，大家也对孩子的情绪问题有了一个更加理性的认识。下次再碰到孩子发泄情绪时，父母尽可能地理解一下孩子的心情，只有真正理解了孩子的心情，父母才会以理智的态度接纳孩子表现出来的各种情绪。在理解的基础上，慢慢引导孩子去理性认识并合理发泄自己的情绪，从而促进他健康成长。

寻找每个行为背后的积极意图

作为父母，我们要有一双透过现象看本质的“慧眼”。有的时候，孩子表现出了出乎我们意料的过分行为，先不要急着教训孩子，或者把孩子定义为一个屡教不改的坏孩子，而是应该耐心地跟孩子沟通一下，寻找到孩子每个行动背后的积极意图。

电视剧《王贵与安娜》里有一个教育孩子的情节，让我记忆很深刻。

淘气的二多子经常一个人偷偷去家附近的小池塘钓虾，有一次被爸爸撞见，爸爸觉得他这样做太危险了，情急之下，将二多子带回家之后狠狠地批评了一番，并且告诉他以后都不能去池塘边钓虾了。然而有一天，二多子又不见了，焦急的爸爸在池塘边找到了二多子，并将他扛回了家，气急了的妈妈还甩手给了他一个巴掌，结果二多子哭着说：“妈妈生病了，我想给妈妈钓虾吃，让妈妈快点好起来。”他的妈妈听到孩子这么说，抱着孩子大哭起来，很后悔不问青红皂白就先甩了孩子一巴掌。

所以说，冲动是魔鬼，巴掌一旦甩出去，就再也收不回来了。父母教育孩子时，一定不要以表面的现象去评价一个孩子的对错，而应该耐心地跟孩子沟通一番，也许，你真的误解了孩子。

我们看看下面这个被父母误解了的孩子，因为父母给他造成了太大的心理阴影，他甚至不想和女生谈恋爱了。

“记得那还是我在上初中的时候，同桌的女生比较健谈，于是我们也比较聊得来，仅此而已。不知道什么人到老师那里造谣生事，说我们两个人关系如何如何，老师趁着家长会的机会告了我一状，具体我也不知道她都说了些什么，估计添油加醋了不少。结果开完家长会回来，爸妈对我一顿打骂，现在还能想起来，妈妈当时几乎是带着哭腔骂我，什么不要脸啦，像个流氓啦，不务正业啦，那种感觉就好像我杀人放火了，马上就会被抓起来枪毙了一样。我告诉他们‘没有那回事’。结果他们反应更激烈了，骂我说：‘没有的话，老师和别人怎么会那么说？’听到这话我就不再解释什么了，只是沉默，任他们打骂。

踏入社会这些年，有女生对我有好感，也有我有好感的女生，但似乎大家做普通朋友的时候都挺正常，一旦我意识到我们之间的关系可能会更近一步的时候，我就有一种莫名的恐惧。”

通过这个案例我们可以看到，父母对孩子的误解造成的后果有多么严重。在孩子幼小的心灵里，他们往往觉得父母才是最有安全感的人，自己被别人误解的时候，第一个站出来信任自己的人应该是父母才对。可是案例中的男孩父母不仅没有给予自己充分的信任，反而和别人站在一起，误会自己的孩子。这能不对孩子造成心理伤害吗？在这个世界上，如果连父母都不相信自己，都不听自己的解释，一味地误解自己，那么还能有谁相信自己呢？这个男孩长大后，之所以不敢和女生深入交往，根源都在于父母当时对他的误解给他造成了严重的心理伤害。

作为父母，我们不应该一味地偏袒自己的孩子，觉得自己的孩子做什么事情都是正确的，但是也同样不该不问青红皂白就打骂自己的孩子，即使觉得孩子有错误，起码也应该先听听孩子的解释，如果孩子的确做错了，再教育也不迟。

父母可以尝试以下几种方法，来更好地发掘孩子行为背后的真实意图：

第一，先不要急着给孩子定性。

当孩子出现了不当行为时，父母一定要控制住自己的脾气，先不要急着责骂孩子，也不要动不动就给孩子扣上一个严重的“大帽子”。也许，孩子的行为背后有你所没有理解到的好动机。

泰国有一则公益广告，讲的是，放学了，家长们都在学校门口等着接孩子回家。随着孩子们一个个眉开眼笑地跑向父母，校门口也渐渐冷清了下来，只有四五个家长还在不断地向里张望，他们的脸上逐渐浮现焦急的神色。在天慢慢暗下来的时候，家长们终于听见了孩子的声音，才松了一口气地迎向他们，弯腰给孩子拥抱。

但是，所有家长脸上开心的表情在看到孩子的衣服时僵住了，甚至立刻停住了拥抱的动作，把要往自己身上靠的孩子推远了点，并且皱着眉责问他们："怎么又把身上弄得这么脏？""放学了就知道玩儿，不知道妈妈在外面等你吗？""妈妈不喜欢你身上弄的都是泥巴，讲了那么多遍，还是不知道体谅妈妈"……

当家长们不断数落孩子时，校门口的LED屏幕出现了画面：学校正在修草坪，一位年老的爷爷推着小推车不小心滑倒，里面的花盆和花苗都散落在泥泞里。这时要回家的一个孩子在旁边看了几秒钟，犹豫了一下，过来帮忙扶起车子；又有一个孩子默默走过来抱起花盆，放到干净的地方，车上、花盆上的泥都蹭到了孩子身上……

家长们看到这个画面，都觉得非常愧疚，因为他们在没有完全了解事实的前提下，就轻易地给孩子们扣上了"不体谅"的"大帽子"。

第二，通过沟通发掘孩子行为背后的真实意图。

想要弄清楚孩子行为背后的真实意图，光靠猜测是不可能做到的，还要通过有效沟通去了解孩子内心的真实想法。看到孩子不妥当的行为后，父母可以尝试跟孩子沟通他为什么那样做，在沟通的过程中发掘孩子行为背后的真实意图。

夏克立和黄嘉千在《一生陪你做公主》这本书里，谈到了女儿夏天的一个行为。夏天在外面和小朋友一起玩儿，小朋友想玩儿夏天的玩具，但夏天不想和别人分享，于是跟黄嘉千说："妈妈，我想回家了。"黄嘉千问夏天：“你是不是觉得回家了，就不用跟小朋友一起分享你的玩具了？”夏天沉默不语，黄嘉千接着说：“如果你真的想回家的话，回去也不可以玩儿玩具，因为这些玩具是爸爸妈妈送给你的，我们也不想跟你分享了。”

我觉得这样的沟通方式很好，能够逐渐拨开孩子行为的表象，直击孩子的内心，了解孩子行为背后的真实意图，然后再“对症下药”。

第三，尽量从积极正面的角度去理解孩子的行为。

对于孩子的行为，父母不妨先从积极正面的角度去理解。一方面，父母不会因为一时冲动做出伤害孩子的事情，另一方面，也会让孩子学会反思自己刚才的行为和动机。

有次女儿做了错事，我取消了她当天看动画片的权利。平时进楼道，如果我手里拿着东西，女儿都会积极主动帮我扶着门。然而那天，临进家门时，女儿竟然贴心到连进房间门都帮我扶了一下，而且还一脸夸张的笑意，很是滑稽。我知道小小的她在用这样的行为安抚我的情绪，希望我看到她改正错误的态度，从而可以撤销对她的惩罚措施。明明知道她这样“狡猾”的小心思，但我还是愿意从积极的方面去思考她的这一行为，女儿长大了，至少知道用这么体贴的方式安慰我，我应该赏罚分明才是，于是我大大地表扬了她一番，对她说：“因为你做了错事，所以动画片不可以看了，但因为你刚才热心帮助妈妈扶门，妈妈决定奖励你听15分钟的儿歌。”女儿听后，别提有多高兴了。

孩子心，海底针，需要我们父母用心去发掘孩子行为背后的真实意图，绝不误解孩子的任何一个行为，也不忽视他的任何一个小心思，从而引导孩子不断规范自己的行为模式。

通过改变环境，改变不可接纳的行为

孩子的有些行为是在特定的环境中形成的，唯有改变现实的环境状况，才能进一步改变孩子不可接纳的行为。

“孟母三迁”的典故大家都熟知：

孟子小的时候，父亲早早地死去了，母亲守节没有改嫁。一开始，他们住在墓地旁边。孟子就和邻居家小孩一起学着大人跪拜、哭嚎的样子，玩儿起办理丧事的游戏。孟子的妈妈看到了，就皱起眉头：“不行！我不能让我的孩子住在这里了！”于是，她就带着孟子搬到市集，靠近杀猪宰羊的地方去住。到了市集，孟子又和邻居家的孩子学起商人做生意和屠宰猪羊的事。孟子的妈妈知道了，又皱皱眉头：“这个地方也不适合我的孩子居住！”于是，他们又搬家了。这一次，他们搬到了学校附近。孟子开始变得守秩序、懂礼貌、喜欢读书。孟子的妈妈很满意地点着头说：“这才是我儿子应该住的地方呀！”于是便在这个地方定居了下来。

后来，大家就用“孟母三迁”来表示孩子应该接近好的人、事、物，才能学习到好的习惯。这也说明了环境能改变一个人的爱好和习惯，在好的环境中，孩子可以更健康地成长，反之，则容易受到一些不良行为的影响。“近朱者赤，近墨者黑”说的也是这个道理。

既然环境对于孩子的行为有这么重要的影响，那么父母在看到孩子一些不可接纳的行为时，除了反思自己的教育方式之外，也应该反思自己为孩子营造的家庭环境，是不是不和谐的家庭环境给孩子造成了不好的影响呢？

如果家庭环境的确是造成孩子行为不当的主要原因，那么父母就一定要下决心改变孩子所处的家庭环境氛围，给孩子营造一个积极、健康、和谐的家庭环境。

第一，让单调的环境变得更丰富多彩。

如果家庭环境过于单调，孩子有可能会觉得压抑或是无趣。家长不妨花点心思，把家庭环境营造得丰富多彩一些，让孩子感受到家庭的温暖和趣味，久而久之，孩子的性格也会变得开朗起来。

比如，父母可以花点心思，带领孩子一起做个小游戏，让家里充满欢声笑语。再比如，父母可以精心布置一下孩子的房间，让孩子喜欢在自己的那片小天地里娱乐、学习和生活。有时候，改变一下生活环境，孩子的心情都会变得明亮起来，你不妨也试着给孩子制造一点小惊喜吧。

第二，改变父母争吵的环境。

在一个家庭中，父母总是频繁吵架的话，对孩子的身心发展都将是巨大的伤害。父母一定要正视这个问题。

一个在父母经常吵架的环境中长大的孩子，性格往往容易存在一定的缺陷，比如会出现自卑、敏感、怯懦、焦虑、隐忍等性格问题；这样的孩子容易对人生充满悲观的情绪，因为在他成长的过程中，看到的都是消极、负面的东西；由于父母经常争吵，孩子总是在不经意间充当了父母的出气筒，动不动就被吵架的父母责骂一通，时间久了，孩子的自信心会荡然无存；在争吵频繁的家庭环境中成长的孩子，往往还会存在一定的社交障碍，他们不敢在父母面前任性、撒娇，不敢向父母索要正常的关心和爱护，长大后往往都对亲情表现得很淡漠，不愿意回自己的家，不愿意跟别人交流，也不愿意谈恋爱成家，因为他们目睹了父母之间的夫妻相处模式，害怕走入婚姻。

第三，改变孩子不适行为的环境。

如果你的孩子特别想要玩儿轮滑，而你又担心他在家里面磕碰到茶几上，那么就可以跟孩子沟通一下，看他是否能换到一个更为安全的地方去玩儿。如果你的孩子特别想玩儿水枪，而你又担心他会弄湿家里的沙发，那么你就不妨建议他去卫生间里好好地玩儿一次。

父母应该变通自己的教育方式，孩子的有些行为在这个地方不合适，并不代表在另外的地方也不合适，所以，与其大费口舌地告诉孩子不可以这样做，不如建议孩子换个更加合适的地方，好好地玩儿一次。这样的话，孩子开心，你也省心，不也挺好的吗？

第四，父母多安排一些家庭活动。

平时有空的时候，父母不妨带着孩子一起行动，大家一起尝试完成某项活动。让孩子在共同活动中，增强对家人的责任意识。

比如，全家可以来一次大扫除，爸爸妈妈担任主力，孩子担任助手，给孩子发一块小抹布，并且给他划定一块任务区，让孩子跟爸爸妈妈一起把家里打扫得干干净净。再比如，全家可以外出来一次野餐活动，在准备食物的过程中，给孩子分配一些力所能及的任务，让孩子参与进来，和父母一起完成这顿浪漫的野餐。

第五，给孩子准备一些适合他玩儿的工具。

我在做饭的时候，女儿总是一副跃跃欲试的样子，一会儿偷偷开一下水龙头，一会儿偷偷摸一下菜刀，弄得我做饭时心里很紧张。后来我和先生索性给她买了一套儿童做饭用的工具，她有了自己专属的塑料小刀和锅碗瓢盆这些工具之后，就可以用这些工具来“做饭”了，我也就不用担心她的安全了。

于是，现在的家庭场景是，我们大人在厨房做饭的时候，我会告诉女儿“该做饭了”，女儿会自觉地去自己的儿童厨房区为我们“做饭”了，这样不仅提高了安全性，更重要的是，女儿学会心疼我了，经常在我工作的时候端着一盆她自己炒的“菜”递给我吃。

改变可以改变的环境，也许孩子的行为也会跟着发生变化，父母不妨试一试这个神奇的办法吧！

第九章

最好的教育，就是陪孩子一起成长

真正的爱，就是陪伴孩子慢慢长大，如果没有真正的陪伴，那就不能叫作“真正的教育”。对于孩子来说，他能感知到的最大的幸福就是父母的陪伴和教导。如果你能够给予孩子一颗强大的内心，如果你能教会他做一个开朗、乐观、有教养的孩子，那么你就是真正的爱他。我们每个人都不是生来就是最好的父母，但我们有信心为了孩子的成长，去不断反思我们的教育方式，去给予孩子最真实的陪伴。

爱就是陪孩子一起成长

对于孩子而言，能够感觉到的最踏实的爱，就是陪伴。作为父母，你不要说你给孩子提供了多么丰厚的物质条件，不要说你给他准备了几套房子几辆车，在孩子的世界里，爱其实并没有那么复杂，他只想要父母的陪伴而已。

之前看过几期湖南卫视的教育类节目《变形记》，当时感触最大的事情就是，物质真的等同不了陪伴和关爱，相反，过多的物质给予只会让孩子觉得你的爱太庸俗。想一想，你都不会用心去对孩子表达自己的爱，又如何能够奢求孩子有一天会用心对你表达他的爱呢？

缺失陪伴的孩子会怎样？

缺失陪伴的孩子，会很没有安全感。什么是安全感？安全感来自于我们成长的经历，即0～6岁，周围环境，特别是家庭环境给予我们的感受。这些感受有的是愉悦的，有的是痛苦的，如果感受是愉悦、幸福和充满爱的，那我们就有强烈的安全感，相反，如果是吵闹、痛苦、缺少爱的家庭，这样的孩子就很容易缺乏安全感。

我们来看看下面这个案例，这个孩子在很小的时候就被送回了老家，跟随自己的姥姥姥爷生活在一起，直到上小学才被接回父母身边，我们来听听他的心声。

“我上小学之前都和姥姥姥爷在外地生活，和爸妈一年就春节见一次面。小的时候对他们没什么印象，也没什么感情。曾经有邻居大妈逗我说‘你爸妈回去了吧？他们是不是不要你了，你看都不带你走’之类的话，我也没觉得心里难受，就是淡淡地‘哦’了一声作为回应。后来要回家上小学了，爸妈去火车站接我和姥姥，我都不认识他俩是谁，当时还想叫叔叔阿姨呢，但是太害羞没有叫出口。那个时候说家，不是‘我们家’，也不是‘咱们家’，而是‘你们家’。我和他们的关系，更像是朋友。刚回家住的时候都不好意思叫他们爸爸妈妈。到现在也不叫爸爸妈妈，只叫老爸老妈。有特别想要的东西，也不好意思向他们张口要，也不敢和他们撒娇。有的时候他们要给我买什么东西我还要推辞，不好意思要。就是觉得和父母之间有种距离感，而且自己特别没有安全感，很害怕被抛弃。”

这就是孩子缺乏安全感的表现。在孩子6岁之前，正是与父母建立亲切感和熟悉感的关键时期，父母却缺席了孩子的成长，给孩子留下了一个永远都无法弥合的亲情黑洞。在以后的日子里，父母即使加倍弥补，也换不来孩子可以在父母面前无拘无束的撒娇和亲昵。

婴儿也需要父母的爱抚

从心理学角度来讲，连出生不久的小婴儿，都渴望父母的抚摸，父母的抚摸能对孩子的情绪和安全感带来不可低估的作用。

1.抚摸能安抚婴儿的情绪。

对于婴儿而言，爸爸妈妈对他的抚摸，是世间最美好的感觉，通过抚摸，孩子不仅感知到了父母对于自己的爱意，而且能够与父母建立一种很亲密的依赖关系。躺在爸爸妈妈的怀里，婴儿会感觉特别踏实特别温暖。

对于婴儿而言，他最初表达自己情绪的方式就是哭泣，饿了哭，困了也会哭。这个时候，是他最需要父母安抚的时候，如果在孩子哭泣的时候，父母能够拍拍他、抱抱他，孩子很快就会从悲伤的情绪中舒缓过来。

婴儿尚且能够如此敏感地感知到父母对自己的爱抚，那么对于一个三四岁的孩子而言，怎么可能对于自己的情感感知一片空白呢？所以，任何情况下父母都不要心存侥幸，觉得孩子还小，感觉不到父母的关爱。

2.抚触能给婴儿足够的安全感。

父母如果能够给孩子足够多的抚摸，那么孩子感知到的安全感就会更多。安全感的建立，是孩子信任他人的基础。孩子只有具有足够的安全感，才能形成健全的人格，能够自信、乐观地与别人相处，如果孩子从小缺失安全感，那么就会变得爱哭、敏感、自卑、胆小，甚至连正常的幼儿园入学都会存在非常严重的焦虑情绪。

陪伴孩子不要打折扣

我认识一对夫妻，他们生了一个女儿，从女儿生下来之后，就把孩子完全交给自己的父母带了。孩子晚上睡觉跟着爷爷奶奶，吃饭穿衣也跟着爷爷奶奶，甚至连过年时的新衣服都由爷爷奶奶一并包揽了。当然，他们每个月也会给孩子留下一些基本的生活费，另外，他们也说自己很爱女儿。

有一天，这位女性朋友跟我聊天时说，孩子3岁前是没有长久记忆的，等孩子过了4岁以后，再把她接到自己的身边来照顾，孩子肯定也会跟父母亲的。这位女性朋友言辞之间，甚至带了点儿得意的神情，觉得孩子4岁前“傻乎乎的”，没有记忆，交给爷爷奶奶养育好了，自己也落个轻松自在，等孩子4岁之后有记忆了，再把孩子接到身边来照顾也不迟。这样的父母何谈对孩子的爱呢？

我跟她说过很多次，孩子没有你想象的那么傻乎乎，他作为一个独立的个体，也许记忆力没有那么好，但是陪伴的感觉却是能够体会到的。在养育孩子面前，你永远不要存在着什么侥幸心理，觉得孩子的吃喝拉撒扔给别人去照顾，你自己买点儿零食，带他玩几次，就能把他的心“拉拢”过来了。

我只能说，你太低估孩子的感知力了。在陪伴孩子方面，一点折扣都不能打的，你觉得自己占了一时的便宜，其实是对孩子永远的亏欠，这是以后花费再多的精力和时间都弥补不过来的。

我之前看过一篇文章，文章说，有一些女性，哪怕她们之前在职场上是多么优秀、多么耀眼，但生了孩子之后，她们却愿意放弃高薪的工作，宁可在家附近找一个薪水很少的普通工作。为什么？因为她们觉得这样可以挤出更多的时间来陪伴孩子的成长，姑且不说这样做是否值得提倡，但至少可以让我们从中看出母爱的力量。

没有陪伴就没有真正的教育

连陪伴孩子的时间都没有，还奢谈什么教育呢？有的时候，陪伴就是最好的教育方式。在日积月累的陪伴中，孩子可以从父母身上学会很多做人做事的道理，这些是书本上学不到的。

在我的记忆中，我的童年是非常快乐的。在那个物质匮乏的年代，虽然我们享有的物质生活是有限的，但在精神层面，我们则是被父母用爱意包裹长大的孩子，算得上有一个快乐的童年。而且，我们身上所具备的一切善良、坚韧和吃苦耐劳的品质，都源自于父母对我们潜移默化的教育和影响。

我相信所有的孩子在长大后，都或多或少地会留有父母的影子，那就是陪伴留下来的教育印记。那么究竟该如何陪伴孩子成长呢？

首先，父母可以通过陪伴影响孩子关于生活的态度。

父母有什么样的生活态度，孩子受父母的影响，也会对生活秉持什么样的态度。如果父母面对生活中遇到的困难，能够乐观、积极地化解它，那么孩子也将从你的身上学习到乐观和坚强。如果父母面对生活的苦难表现出一副逆来顺受、消极堕落的态度，那么你就别指望孩子能够在生活面前变得多么的勇敢和坚强。

上世纪，一般的家庭里很少有电视、收录机，更别提烤箱这样的物品了，但父母依然在艰苦的岁月里保持了对生活品质的追求，他们省吃俭用给家里买了一台21寸的大彩电，还给我们买了一台双卡收录机，后来又为我们买了一台烤箱。父母经常陪着我们看电视、唱歌、烤面包。这不仅丰富了我们的生活，也让我们增长了见识、开阔了眼界，更让我们感到骄傲和自豪。

在平日的生活里，我们也学习到了父母对于生活的积极态度。我告诉自己，即使上天给我一棵小草，我也会用它来点缀我的生活，让生活尽量变得浪漫、优雅一些。

其次，父母可以通过陪伴影响孩子对于善恶的判断。

对于孩子来说，对于人性善恶的最初判断，其实来源于自己的父母。

母亲经常帮助别人，那会儿就觉得母亲很善良，我们长大以后也要成为像母亲那样善良的人。事实上，长大后，进入社会，碰到能帮助的人，我们都会尽力搭把手，哪怕事情很小很小，但帮助了别人，我们也会觉得很温暖。在善良这一方面，我觉得最好的教育者就是父母，在与父母朝夕相处的岁月里，他们用行动教会了孩子什么样的行为是善良的，什么样的行为是邪恶的。

我们生活在一个法治社会，每个公民的行为都要受到法律的约束，但为什么还有一些人总是知法犯法呢？我认为从根本上讲，还是公民自身的道德素养有待于进一步提升，如果公民个人的道德素质提升了，那么公民自己也会有强烈的荣辱观和是非观。提升公民的个人道德素质任重而道远，需要我们每一位家长都要担负起自己的教育责任。

一个从小成长于三观端正、修养良好的家庭中的孩子，自我的道德感一定会强烈一些。所以有的时候，我们说道德跟家庭教育息息相关，而与一个人的文化程度关系并不大。

最后，父母可以通过陪伴教会孩子应对挫折的信心。

生活的强者，是在生活中磨炼出来的。对于孩子而言，父母在生活中的坚强表现是自己应对挫折最好的老师。

在我跟母亲一起生活的20多年时光里，我从她身上学习到的东西，除了善良之外还有坚韧。母亲在朝夕相处的日子里教会了我如何面对生活交给我的超难的答卷。记忆中，好像没有什么事情是可以打倒母亲的，遇到再难的事情，母亲都笑着说一句："这哪是什么大事啊？"每次听到母亲这么说，我们的心里都像吃了一颗定心丸一样踏实。

后来，我做了妈妈，而且做了3年多的全职妈妈，自己从一个连菜都不会切的女孩变成了一个可以烘焙糕点，可以做几样拿手菜出来的女人。每次面对迈不过去的坎，我就想起母亲20多年里交给我的坚韧，只要人活着，就没有渡不过去的难关。我很感激母亲陪伴在我身边的日子，教给我这么多宝贵的人生财富，我也会将这些宝贵的精神财富传承给我的女儿。

有一句名言是这么说的："我们终其一生，也许不会积累太多的财产，也没有什么名望，但每一个父母都通过生活积累了一些好的经验和品质。把这一点点给孩子吧，他们会用新的生命去放大，使其放出更灿烂的光芒。"

还是那句话，陪伴是最好的教育。连陪伴孩子都做不到的话，就不要奢谈什么教育了。唯有通过朝夕相处的陪伴，我们才会将自己积累的一些好的生活经验传授给孩子，教给孩子什么是善良，什么是自信，什么是坚强，这一切的一切，唯有通过爱和陪伴才能实现。

父母不要再以工作忙碌作为自己逃避养育职责的借口了，抽出一些时间，用心陪陪孩子，远比你留给他一堆玩具要美好得多。

孩子最大的幸福就是和你在一起

对于孩子来说，最大的幸福就是和自己的爸爸妈妈在一起。哪怕吃着最简单的饭菜，穿着最普通的衣服，也无所谓。

女儿有一只玩偶熊猫，从她出生到现在，每天睡觉，乃至出门坐车时都要抱着它，在她的眼里，熊猫已经成了她最好的朋友。她刚会说话的时候，我们问她喜欢爸爸妈妈还是猫猫，她出于本能，总会抱着熊猫笑着说“要猫猫”，然后我们哈哈大笑，说“猫猫都比爸爸妈妈亲”。但是现在，她长大了，反而给出了我们一个不一样的答案。

有一天，我们问她：“要猫猫，还是爸爸妈妈啊？”女儿竟然抱着小熊猫亲了又亲，然后说“要爸爸妈妈”。我们很感动，女儿对于我们如此的依恋。在女儿眼里，最大的幸福就是与爸爸妈妈在一起。

所有的孩子都是如此，最大的幸福就是和自己的爸爸妈妈在一起。我们看到很多留守孩子在父母离开的那一刻，哭得撕心裂肺，对于这些孩子来说，最难过的事情就是父母的离开了。

我在网上特意看了一些离异家庭孩子的心情，结果越看越难受。对于离异家庭的孩子而言，他们内心对于完整的父爱和母爱的渴望，往往比一般的孩子更加强烈。尽管很多时候，这些孩子表现得很洒脱，一副什么都不在乎的样子，但他们内心深处的伤痕，其实特别让人心疼。我们来看看其中一个孩子的心声：

“我二年级时，父母就离异了。父母离异之后，我一直跟着父亲和后妈生活。十几年来，我感觉最为痛苦的事情，不是我只能有父无母或者有母无父，不是每次看到‘父母’‘爸妈’这种字眼时的心塞，不是每次看到同父异母的妹妹叫‘爸爸妈妈’，他们一家三口并肩走着时的苦涩，不是每次填资料时在父母那栏到底填哪个母亲名字时的犹豫，不是听歌曲《世上只有妈妈好》时的心酸。最痛苦的，莫过于我在这个世界上最深爱的两个人反目成仇，却把我夹在中间来回撕扯。我平时一般不怎么和他们吵架，可是一旦吵起来，场面就会变得非常激烈。”

前面所有的“不是”，其实都是痛苦的事情，只不过与父母的争吵相比，这些不足为道罢了。看完这些离异孩子的心声，作为父母的我们都会感到深深的震撼和心疼。

陪着孩子一起慢慢长大吧，你错过了孩子成长的时光，就不可能重新再来。如果你们的条件允许，我想建议你们好好地陪着孩子做一些事情，哪怕这件事情是幼稚的。

首先，如果可以，陪着孩子去做他想做的事情。

《豆芽引发的梦想》是一部泰国家庭励志公益短片。短片中，靠卖菜为生的母亲细心地观察着女儿的每一个举动，某天母亲发现女儿十分出神地观望着对面络绎不绝的顾客，在母亲的询问下，女儿小菊道出了心中的困惑：“妈妈，为什么豆芽菜那么畅销呢？”“因为只有那一个摊卖豆芽啊。”妈妈这么回答女儿。得知原委的女儿决定自己培植豆芽。

虽然念书不多的母亲并不知道如何才能培植出好豆芽，但妈妈依旧鼓励女儿勇敢尝试，跟着女儿一起学习，经历多次挫折和失败依然不放弃，最后她们终于培养出了粗壮、鲜嫩的豆芽菜。更重要的是，女儿通过这件小事懂得了“无论最后能不能成功，我们都应该不断尝试”的人生道理，最终拥有了美好的人生。

其次，如果可以的话，父母请亲自照料孩子的饮食起居。

在照顾孩子饮食起居的过程中，可以让孩子感受到父母对自己的用心和关爱，这是任何的物质条件都代替不了的。

现实生活中，年轻的父母们可能有很多工作要做，于是孩子的饮食起居一并交给了孩子的爷爷奶奶、姥姥姥爷来打理，时间久了，孩子就无法感受到父母的关爱，而这种关爱恰恰正是孩子最需要的。

我在没有生女儿之前很少下厨，但是有了女儿之后，我很乐于下厨为孩子做些她喜欢吃的东西。只要有可能的话，我都愿意亲自准备她的一日三餐，让她感受到来自妈妈的关爱。有一天女儿长大了，即便离开了我们的身边，我想在她的记忆中，也一定会有一份“妈妈的味道”，这是任何物质财富都换不回来的美好记忆。

生活中的困难千千万万，我们不能因为生活中的困难，就放弃陪伴孩子成长的宝贵机会。有一句话叫作“你陪我一起长大，我陪你一起变老”，所谓的幸福就是这样相互地依偎着、依靠着，大家一起开心，一起幸福。

即使分开，也请给予孩子足够的爱

如果有一天，父母两个人因为价值观或者生活习惯的分歧，最终分开了，那么也请记住，任何时候，你们都是孩子的爸爸和妈妈，即使你们各自找到了新的幸福，成立了新的家庭，也请给予你们共同的孩子一份足够的爱。

然而，很多父母却在离婚之后成了彼此的仇人，两个人在孩子面前不断说着对方的坏话，将自己婚姻的不幸以及对于对方的怨恨都发泄到了无辜的孩子身上，这是对孩子极端不负责任的表现。

我们来看看下面这个案例：

“我三四岁的时候父母就离异了，多年来妈妈独自抚养我，今年我22岁，从小到大我听到妈妈最多的话就是‘你妈一个人带你不容易’‘不管怎么样我都是爱你的’‘你不能怎样怎样’等。这也是我最讨厌听到的，前些年还小的时候，不管我做了什么让我妈妈不高兴的事，我都会感到愧疚，觉得是自己不对，那种感觉让我不自信，自我怀疑，甚至自我否定。很多时候，我不敢提出要求，我怕我妈妈会不高兴，她会跟我说‘你去跟你爸过吧’，或者‘你咋不跟你爸过呢，你看看你跟着你爸过会是什么样，还这么不知足’。其实我知道她这只是无心之言，但这些话让我很没有安全感，我不敢犯错，我曾经在犯错后跪在我妈面前求她别让我走……为什么同样为人儿女我会活得如此没有尊严。”

这样的父母对孩子的伤害最大。试想一下，不幸的婚姻、破碎的家庭已经给孩子造成无法挽回的伤害了，还要在彼此分开之后，将自己对于失败婚姻的抱怨全部发泄在孩子身上，这对孩子的伤害该有多么大啊！每个孩子来到我们的家庭里，都是一种难得的缘分，我们作为父母，无论如何都应该好好地呵护好这个小天使，哪怕有一天我们大人之间因为一些原因分开了，也要竭尽全力给予孩子满满的爱意。

如果真的很不幸，走到了这一步，那么请我们一起看看下面几条建议，大家一起竭尽所能地好好爱一爱这个已经没有完整家庭的孩子吧。

第一，即使夫妻双方感情不合或者最终分开了，也不要在孩子面前说对方的坏话。

两个人分开了，还在孩子面前互相诋毁对方，会让孩子夹在中间不知所措，有个孩子说：“高二时我和爸爸特别对立，就是因为听了我妈的话。我觉得我爸坏透了，一见到他就很反感。我爸肯定察觉出来了我的不满，因此我们俩矛盾很大。后来我发现我爸并不像我妈说的那么坏。我在想，如果妈妈你觉得我爸坏，你可以离婚啊，为什么要跟我说，破坏我爸和我的感情啊？所以后来我又特别烦我妈。”

看了这个孩子的想法以后，我们应该明白这一点：在孩子面前诋毁对方，会让孩子的情感认识产生混乱，对父母双方都会产生一定的负面看法。

另外，离婚后在孩子面前诋毁对方，很容易让孩子对未来的婚姻生活产生恐惧。孩子在恋爱和结婚时，父母的情感关系会投射到自己的脑海里，从而会对另一半产生严重的不信任感，觉得没有什么情感关系是牢不可破的。

第二，即使分开了，也尽量要聚在一起给孩子过生日。

即使夫妻双方离婚了，孩子也是无辜的，他比完整家庭的孩子更加需要父母的呵护和关爱。所以，当父母不得已分开的时候，尽量能够心平气和地商量，能否在孩子的生日那天，大家放下彼此的意见，好好陪伴孩子过一次生日呢?

父母围在孩子身边，陪着孩子一起吹蜡烛，让孩子觉得，虽然我的父母分开了，但他们依然是爱我的。离婚后依然能够做朋友的夫妻，是在用行动为自己的孩子做一个好榜样，是在告诉孩子：做一个心胸宽广、心中有爱的人，是多么的幸福。

第三，即使分开了，也能够就孩子的生活学习多交流。

夫妻虽然分开了，但孩子是无辜的，他的生活和学习依然需要有人来关心，而这样的关心和爱，除了父母，谁都给不了。

夫妻双方可以在离婚后，共同约定如何对待孩子的学习和生活问题。比如彼此约定每个月抽出一定的时间，通过见面、电话或者网络聊天的方式，聊聊孩子最近以来的学习和生活情况，彼此交流一下，在平时的生活中，父亲应该从哪些方面改进一下教育方式，母亲应该从哪些方面入手多关心一下孩子的心情。总之一句话，分手了也应该继续关心孩子的生活和学习，尽量把对孩子的伤害降到最小，两个人一起担负起养育孩子的重担，并且让孩子时刻感受到父母对自己的关心和爱。

第四，即使再婚了，也请和伴侣一起给予孩子关爱。

夫妻分开后，也许会各自组成一个新的家庭，孩子与家庭新成员的磨合也是一个很重要的问题。作为父母，我们要将孩子放在重要的位置上，在接受新的伴侣之前，尽量征求一下孩子的意见，这样做会让孩子觉得父母重视自己的感受。

在未来的生活中，请和伴侣一起给予孩子更多的关爱吧。我们看到了太多的继父或者继母虐待孩子的案例，当然，我们也能看到很多继父继母付出了甚至比亲生父母都要多的关爱，让孩子能够接着在一个幸福的家庭中感受到温暖和关爱。从古到今，我们一直讲究“爱吾幼以及人之幼”，希望所有身为父母的人，都能够推己及人，爱护来到我们身边的小天使。

接受孩子的一切，做“慢养”的父母

“慢养”这个词，我在前面已经提到过。但是，在这里，我还是想强调一个观点，那就是希望父母能够接受孩子的一切，学着去做“慢养”的父母。说得通俗点，就是陪着孩子慢慢长大，跟他一起享受成长的快乐。

我知道，这个词说起来很容易，但实际做起来远没那么容易，但我还是想要提醒一下父母，放平心情，去把养育孩子当作一场美妙的旅行，而不是为了完成一个所谓的神圣任务。

我们是极度焦虑的父母

现实生活中，我们忙着工作，忙着生活，忙着应酬，在我们眼里，生活简直就是一场与时间的赛跑。连陪在我们身边的孩子，也被迫跟着我们一起去与时间赛跑。

我们一方面抱怨孩子不会自己穿鞋子、穿衣服，另一方面又嫌弃他磨磨蹭蹭，抱怨他穿衣服的速度实在太慢了，10分钟的时间竟然连个纽扣也系不好。我们一方面告诉孩子自己的事情应该学着自己做，另一方面，我们又像热锅上的蚂蚁一样焦虑不堪，生怕他一不小心摔倒了，磕伤了。

我们是极度焦虑的父母，一方面大度地说着孩子应该要“慢慢养”，要学会尊重孩子的成长规律；另一方面，我们又恨不得在孩子的脑门上安装一个开关，啪地一掌按下去，孩子就学会自己吃饭穿衣了，甚至一睁眼，孩子就变成了一个文质彬彬、人见人爱的完美孩子。但天上没有掉馅饼的好事，拔苗助长的故事永远只能以悲剧来结尾。

前几天，我又翻出了作家张文亮写的那首诗——《牵一只蜗牛去散步》。而且告诫自己，每当自己觉得焦虑的时候，就把它翻出来，认真读一遍。

希望所有的父母都能够时刻拿这篇文章勉励自己，提醒我们不要去做那么焦虑的父母。人生苦短，我们能够陪伴孩子的所有时光加起来，也不过短短几十年，在这短暂的几十年时光里，我希望看到我的孩子在从容不迫地往前走，走出自己的生命的精彩和美丽。我希望我的孩子未来无论从事什么样的工作，能够挣多少薪水，都会觉得自己的生命是非常有意义的。如果可以的话，我将是天下最幸福的妈妈。

最该“慢养”的人，其实是父母

有一次，我在公园碰到一位年轻妈妈，30岁左右，她有一个2岁多的女儿。交谈中，这位年轻妈妈告诉我，她自己从小生长在农村，上面有两个哥哥，重男轻女的父母从来没有重视过她的教育和学业，所以她初中毕业就来到北京闯荡。因为没有学历，她吃过很多苦，做过饭店服务员，做过商场营业员，直到后来碰到了同样白手起家、没有学历的老公，他们两个人在北京打拼多年，才刚刚安定下来。

这位妈妈言谈之间，皱着眉头，一副特别焦虑的样子。她说自己这辈子没有文化，出去做什么事情都很自卑，所以他们商量好了，要不惜一切代价给女儿创造一个良好的教育环境。她说自己舍不得花钱，省吃俭用攒了一部分钱，在小区附近给女儿报了一个早教班，她不希望自己的女儿输在起跑线上。没过几天，她又给我发来信息，向我打听附近哪个幼儿园好，想给女儿找一所各方面条件都不错的学校。

听完她的话，我能感觉到她身上特别强烈的焦虑感。我跟她说，孩子就像一盆花，需要养料也需要浇水，但用力过猛，往往会事与愿违，欲速则不达。

所以在“慢养”这方面，最该修炼的人其实是我们父母。修炼自己的心境，修炼自己的耐力，把孩子看成一朵需要自然生长的花朵，该浇水的时候浇水，该施肥的时候施肥，慢慢地看着他一点点长大，直到开出美丽的花朵来。

否则，你自己都焦虑得快要爆炸了，如何能培养出一个淡定、自信、乐观的孩子呢？因为你觉得自己为他付出了自己所能付出的一切，所以才会满心期待他也能倾尽所有，去迎合你那个沉甸甸的心愿。

然而，孩子终究不是神，他发觉自己再怎么努力，也终究没法成为你心中所期待的那样，那么，成长对于他来说就是一场与“自卑”赛跑的游戏。

所以，与其让自己和孩子活得那么累，何不从现在开始，学着修身养性，该享受生活就享受生活，静静地陪着孩子一起成长。我们父母所能做的事情，就是给孩子提供合适的成长条件，至于孩子未来的道路要走向哪里，终归还是孩子自己的事情。

别着急，“小蜗牛”正在慢慢长大

孩子的成长阶段很复杂，很漫长，需要父母跟着他的成长一起慢慢走。

通过之前的学习，我们知道孩子的成长可以归为6个阶段，包括：依附期（0～18个月）、探索期（18个月～3岁）、认同期（3岁～4岁）、竞争期（4岁～7岁）、关心期（7岁～12岁）、亲密期（12岁～18岁）。在这6个成长阶段内，孩子会表现出不同的生理和心理特征，需要父母读懂他成长背后的“秘密”。

孩子在3岁左右，可能是最淘气的时候，什么东西都想摸一摸，试一试，尝一尝。有些父母为孩子的调皮捣蛋操碎了心，特别发愁这么调皮的孩子以后长大了该怎么办。

其实父母没必要这么着急，孩子3岁左右，正处于探索外部世界的敏感期。正是在探索的过程中，他才逐渐明白，盐是咸的，糖是甜的，原来塑料娃娃竟然是假的。这个时候的他，也处在自我认同的重要阶段，觉得所有的东西都是自己的，所以特别不愿意把自己的玩具拿出来与别人分享。

所以，面对3岁的女儿时，我们经常会教育她“分享是快乐的”，但我们更想遵从她自己的内心感受，让她决定自己是否要与别人一同分享。我们可以告诉她什么是正确的事情，但具体的主意还是由她自己来决定；我们尊重她的想法和意见，也给她充分的信任空间。

我们始终相信，她正在用自己的方式一点点努力地成长，不断成长为一个更加大度、温暖和有爱的女孩。

时刻想一想《牵一只蜗牛去散步》的那句话吧，“上帝叫一只蜗牛牵我去散步”。好好地让那只“小蜗牛”牵着我们，四处去走走，领略3岁时——他的自我，7岁时——他的勇敢，10岁时——他的随群，16岁时——他的叛逆，陪着他，再重新回味一次成长的酸甜苦辣。

给孩子一颗强大的内心，比给他什么礼物都要好

一个孩子如果拥有一颗强大的内心，那么他的世界都将变得更加宽广和明亮。每个父母都应该给予孩子一颗强大的内心，这颗强大的内心可以支撑着孩子走向未来的每一个地方，这个礼物，是父母给予孩子的最美好的礼物。

我们希望带着孩子走遍祖国的山山水水，甚至是世界各地，想让孩子的眼界变得更宽广一些，心胸变得更宽阔一些，这样他才能悠然地面对人生中遇到的风风雨雨，学会淡然地应对一切困难，找寻到生命的美好。

可是，在现实生活中，因为一时的挫折就放弃自己生命的孩子也不鲜

见，在学校，有的孩子因为难以承受的压力选择一跃而下，结束了自己年轻的生命，给父母留下了终生都无法消解的痛楚。其实深究一下，这些孩子内心觉得迈不过去的坎，在我们成人的眼里不过都是些鸡毛蒜皮的小事而已，怎么也到不了自杀的程度。

然而，现实就是这么残酷。每个孩子的心理承受能力都有所不同，同样的事情，放在一个孩子的心上觉得不算是个事，但放到另一个孩子的心上，就是难以承受的重压。这在很大程度上是父母的责任，因为父母没有在平时的教育中给予孩子一颗强大的内心，没有让孩子坚强到可以跨过人生中的每一个小坎坷。所以，我们在感到痛惜的同时，也应该反思自己的教育方式了，我们的教育除了让孩子注重学习成绩之外，有没有教给孩子如何让自己的内心变得强大一些，再强大一些？

2016年1月17日下午15时30分左右，山西省晋城市某小区一名10岁男孩儿跳楼自杀，自杀原因是其写作业不认真被母亲训斥。

2016年2月25日晚，湖北省武汉市一名15岁学霸女孩从家中18楼跳楼身亡。据了解，女孩成绩一直很好，疑因期末考试不理想，离理想目标差几分而想不开，从而产生极端情绪自杀。

2016年3月1日凌晨0时左右，安徽省合肥市蜀山区大溪地小区一名10岁女孩坠楼身亡。女孩在遗书中流露出学习压力巨大，自己的成绩与家长的期望尚有差距，因不堪承受压力而选择了轻生。让人唏嘘不已的是，女孩在遗书中希望家人为她送行时，能带上一束花。

……

看着这一串串数字，让人唏嘘不已。每一个逝去的孩子背后，都是一个破碎的家庭。谈到孩子的烦恼，大人总是一副嗤之以鼻的样子，说现在的孩子吃得好、穿得也好，比我们那个年代好太多了，哪有那么多的烦恼啊，都是自我的。在平时的教育中，父母总是在乎孩子考了多少分，排了多少名，离考上重点中学、重点大学的距离还有多少，却没有在乎过孩子的心理承受能力有多少，在压力面前他究竟能有多大的抗压能力。

所以，我想对所有的父母说，在孩子的日常教育中，一定别忽视了孩子的心理素质教育。给孩子一颗强大的内心，远比给他一份贵重的物质奖励要好得多。

如何给孩子一颗强大的内心呢？我觉得父母应该重视以下几个方面。

第一，别那么在乎孩子的成绩。

告诉孩子，努力的过程远比最终的成绩更重要，如果孩子努力了，取得的成绩依然不够理想，父母要做的就是表扬孩子，而不是打击他。作为父母，去打击一个每天努力学习的孩子，是一件多么残忍的事情啊。

告诉孩子，成绩不代表生活的全部。除了成绩之外，生活还有很多种美好的可能，也许孩子的学习不好，但是他画画好啊，作为父母，永远要从正向的视角去发现孩子身上潜藏的资质和可能，帮助孩子去发现身上的闪光点。

第二，别那么夸大孩子的缺点。

每个孩子都有缺点，也都有自己的优点，聪明的父母不会刻意去夸大孩子的缺点，而是去夸大孩子的优点。你要知道，他的缺点你贬损得再多，也无法将它变成优点啊，相反，孩子还有可能会因为逆反心理故意去坚持自己的缺点。与其这样，不如忽略他身上的缺点，将目光放在他的优点和长处上面。

第三，告诉孩子，困难总会过去的。

每次遇到困难的时候，我的母亲都会轻描淡写地说一句：“哎呀，这算什么大事啊！”话一出口，困难已经矮了好几分。母亲这种坚强乐观的心态一直深深地影响着我们，每次遇到困难时，我也会难过消沉，但很快我就会想起母亲教给我的坚韧和坚持，咬咬牙就过去了，没有什么事情可以称之为

“过不去的大事”！

我的女儿不小心打碎了杯子，紧张地看着我的时候，我都会跟她说：“没关系，下次小心一点好吗？”；我的女儿把我的厨房变成了一个战场，我会跟她说：“没关系，你可以玩儿，只不过待会儿自己把这些东西全部收拾好就可以了。”

父母应该教育自己的孩子，把一切困难看得轻松一些，再大的困难，就像流动的水一样，总会过去的。我想如果你每天呈现给孩子的是一份坚强和乐观，孩子的内心也将会坚强、阳光得多。

我想与孩子的成绩相比较，父母更珍视孩子的生命和未来，那就把你的目光放长远一些吧。给予孩子一颗强大的内心，远比物质重要得多。

你想要一个乐观、开朗的孩子吗?

如果有人问我，对孩子最大的期望是什么，我希望我的女儿将来能够成为一个乐观、开朗的人，希望她以后的每一天都感觉是快乐、幸福的。因为对于一个乐观、开朗的孩子而言，她在人生中所感知到的快乐和幸福肯定要比一个悲观、消沉的孩子要多得多，而且，作为一个阳光乐观的小孩，她在未来的人际交往中肯定会收获很大一批喜欢她的朋友和师长，这些人将是她未来幸福路上的朋友和知己，所以，如果有一天，我的女儿能够长成一个乐观、开朗的孩子，我和先生一定会觉得非常的欣慰。

我们先来看看，一个乐观开朗的孩子是怎么培养出来的呢?

一个孩子，生来就开朗、乐观，那么当然是一件值得庆贺的事情。可是很多孩子天性就比较内向腼腆，更有一些孩子因为贫穷或者其他方面的原因，而变得非常自卑、消极和压抑。如果通过我们用心教导，能引导孩子变成一个乐观、开朗的孩子，给孩子打开另一片美丽的世界，那将是一件多么有成就的事情啊！

美国第32任总统罗斯福在小时候，因为患病而造成了瘸腿和参差不齐且突出的牙齿。他几乎认为自己是世界上最不幸的孩子了，因此很少与同学们游戏和玩耍，老师叫他回答问题时，他也总是低着头一言不发。

在一个平常的春天，罗斯福的父亲从邻居家讨了一些树苗，他想把它们栽在房前。他让自己的孩子们每人栽一棵。父亲对孩子们说，谁栽的树苗长得最好，就给谁买一件他最喜欢的礼物。罗斯福也想得到父亲的礼物，但看到兄妹们蹦蹦跳跳提水浇树的身影时，不知怎么就突然萌生出一种阴冷的想法：希望自己栽的那棵树早点儿死去。因此浇过一两次水后，他再也没去理过它。

几天后，罗斯福再去看他栽的那棵树时，惊奇地发现它不仅没有枯萎，而且长出了几片新叶子，与兄妹们栽的树相比，显得更嫩绿，更有生机。父亲兑现了诺言，给罗斯福买了最喜欢的礼物，并对他说，从他栽的树来看，他长大后一定能成为一名出色的植物学家。

从那以后，罗斯福慢慢变得乐观向上起来。

一天晚上，罗斯福躺在床上睡不着，看着窗外那皎洁的月光，他忽然想起生物老师曾说过的话，“植物一般都在晚上生长”，何不去看看自己栽的那棵小树呢？当他轻手轻脚来到院子时，却看见父亲用勺子在向自己栽种的那棵树下泼洒着什么。顿时，他明白了一切，原来父亲一直在偷偷地为自己栽种的那棵小树施肥。他返回房间，任凭泪水肆意地奔流。自那以后，罗斯福变得更加乐观、自强了，无论做什么事，他都用积极的心态去做。

不得不说，罗斯福的父亲是一位伟大的父亲，为了让自己的儿子变得乐观、开朗一些，他悄悄地帮助自己的儿子将那棵小树苗培育得特别嫩绿，从而让孩子因此得到心爱的礼物和鼓励。

可以说，这种教育方式特别用心。诚然，一个乐观、开朗的孩子，需要一定的先天基因，但更多的时候，我们可以通过外在的教育让一个原本就内向、腼腆的孩子变得乐观、开朗。究竟如何培养出一个乐观、开朗的孩子呢？

第一，我们应该告诉孩子“柔韧”的生存哲学。

作家刘墉曾经说过：你要知道，只知刚的人，难免被折断；只有柔的人，到头来终是懦夫；只有那刚柔并济的，以自己的理想为目标，而在崎岖坎坷且多荆棘的人生道路上以最恰当方式应对的，才可能是最后的成功者。

我们要教会孩子一些“柔韧”的生存方式，让他们能够在各种各样的困难和挫折面前，始终都保持一种坚韧、乐观的心态去超越这些困境，这样的教育才是真正的乐观教育。

第二，我们应该努力给孩子树立一个乐观的榜样。

就像前面我们提到过的电影《美丽人生》中的基度一样，他用谎言为儿子撑起了一个乐观的童年，哪怕身处地狱般的集中营里，他也竭尽全力为儿子乔舒亚展现了一个充满趣味的人生。他和儿子比赛，谁最先赢得1000分，谁就能获得一辆坦克作为奖励。在集中营中，基度不知承受了多大的压力——高强度的体力劳动、对儿子乔舒亚和妻子多拉的日夜担心以及随时随地都可能降临的死亡，但在儿子面前，他总是展现着自己最乐观的一面。

当你每次感到艰难的时候，想想基度吧，在地狱般的环境里，他尚且能够为儿子撑起一片快乐的天堂。我们身处和平之中的父母，又有何理由不去给孩子营造一个乐观、和谐、快乐的家庭环境呢？又有何理由不去教会孩子做一个阳光、乐观、快乐的天使呢？

第三，有空的时候，多带孩子去看看外面的世界。

有的时候，视野开阔了，孩子的心胸自然也就开阔了。所以，有空的时候，多带孩子出去走走，让孩子看看外面的世界。带着孩子走过不同的地方，看过不同性格的人，经历过各种千奇百怪的事情，孩子的心界也就变宽了。

世上再难的事情，只要你在心中不把它当回事，那它就真的不算是个事。这份豁达和淡定，需要你在朝夕相处的陪伴中，一点一滴地教授给自己的孩子。一般来说，父母性格都乐观、开朗的家庭，培养出来的孩子也忧郁不到哪里去。我仔细观察过我身边的亲人和朋友，一般的情况都是如此。所以，带着你的孩子，努力成为一个视野宽广、心胸宽阔的个体吧。

法国思想家罗曼·罗兰说过，所谓内心的快乐，是一个人过着健全的、正常的、和谐的生活所感到的快乐。希望我们的孩子都能成为这样内心快乐的孩子，拥有一个无比阳光、灿烂的美丽童年。

把孩子培养成一个有教养的人

什么样的孩子可以称作是有教养的孩子？我想答案有很多种，比如说话有礼貌，能够顾及到别人的心情，言行举止彬彬有礼。

什么样的孩子可以称作是没有教养的孩子呢？网上有个问题，叫作“你见过的最没教养的孩子是什么样子的”，有一个网友说了这样一个案例：

同事家的孩子，接触次数不算少，深有体会。6岁“熊孩子”，女孩，不分场合，任何时候见到你会直接喊你的名字，并且随意评价你的外貌，例如直接说你大腿粗之类。如果你教育她，她就过来打你。站在高处，遇到有人经过就“哎哎哎”地喊，等到别人一抬头，她就朝别人脸上吐口水。她妈妈训斥她，她还说假话。外出吃饭的时候喜欢哪盘菜，直接拉过来全部夹到自己盘子里。一个同事的男朋友长得很帅，她一见到，就跑过来拍人家屁股，拍人家头，还直呼其名。太多了，不一一描述了，总之她做这些的时候她妈妈在一边笑得很开心，可能觉得她的女儿很可爱吧。

现实生活中，估计这样的“熊孩子”免不了受到别人的批评和白眼吧。我相信没有一个父母想让自己养大的孩子被别人批得体无完肤吧，那就好好痛定思痛，学习一下该如何培养一个有教养的孩子吧。

我之前看到过一份比较详细的关于“有教养的孩子”的样子的清单，总共有25条，这些是美国父母总结出来的。其中有一些礼貌用语也许并不适合中国的语境，我对此做了增改，希望能适合我们中国父母来学习。

我们不妨仔细看一下这个我整理出来的“新28条教养要求”：

1.向别人要什么，要很有礼貌地要求，一定要加“可以吗？”或者“好吗？”几个字。“我要吃糖。”应该说“妈妈，我想吃点儿糖，可以吗？”，最好带着微笑请求。

2.别人给你什么，不要马上离开，那样给东西的人会感觉被冒犯了，一定要说声“谢谢”。也可以很有创意地道谢，比如说“我很喜欢它，谢谢”。

3.不要随便打断父母的对话，大人们说完话会回答孩子的问题。如果是紧急情况，是允许马上发言的。

4.如果需要发言，需要有礼貌地引起别人的注意力，比如说“爸爸，我可以说话了吗？”。

5.不知道这个东西可不可以动，及时征询一下它主人的意见，只有经过别人的允许，才可以动别人的东西。

6.一个人应该说实话，但是说实话的前提是考虑一下对方的感受，如果是不得不说的情况下，尽量用一些委婉的方式表达出来，比如建议对方“这样做是不是更好一些”。

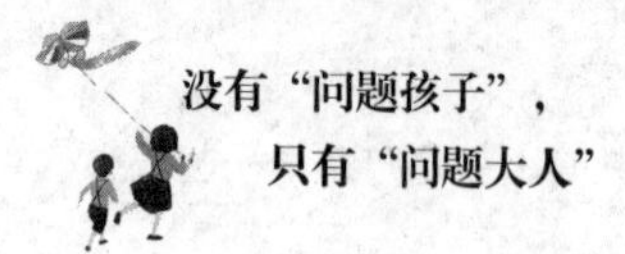

7.不能随便评论别人的外表，可能会伤人感情，但表扬别人外表的话一般很受欢迎，可以多说一些。

8.如果别人向你问好，你要有礼貌地回答，然后问一下对方好不好。

9.去朋友家玩儿，离开的时候要有礼貌地向对方父母道谢，并且热情地邀请对方“下次有空，欢迎来我家做客”。礼尚往来，来而不往非礼也。

10.不要随便闯入别人的房间，敲敲门，得到许可再进去。

11.打电话的时候说一句“您好，我是……”，加上一句打电话原因，对方就会很友好地回答你。

12.不要对别人说脏话，不管感觉有多么糟糕。如果忍耐不了，可以找个僻静的地方，自己对自己说几句。

13.任何时候，收到礼物都要表示出很高兴的样子。礼轻情意重，礼物再不好，也是别人的一片用心。

14.推己及人，自己不想听的话，不要去骂别人。每个小朋友都不喜欢被别人伤害，你不想，别人更不想。

15.不要随便欺负别人，对人对事尽量多一点儿同情心，你变得温暖了，身边的朋友自然会多起来的。

16.你觉得伤心难过了，可以向自己的父母倾诉，但不要通过无理取闹的方式去表达。

17.如果不小心撞到了别人，要第一时间说“对不起，我不是故意的”，而且应该主动问一下对方疼不疼，这样会让对方感受到你道歉的诚意。

18.不要在别人面前掏鼻孔、掏耳朵，这是非常不礼貌的行为。如果忍不住想咳嗽或者想打喷嚏，一定别过头，再用手或者纸巾把嘴巴捂住。

19.进门的时候，如果身后有其他人，顺便帮后面的人带一下门。这也不费你什么事，而且有助你养成得体的言行举止。

20.如果碰到身边的邻居、朋友、亲友有需要帮忙的地方，主动问对方有什么可以帮他们的。学会主动关心别人，做一个温暖的孩子。

21.如果可以的话，帮助父母做一些力所能及的家务活。因为这个家是大家的，需要每一个人去呵护和维护。

22.如果别人帮助了你，记得对对方说一声“谢谢”，下次对方还会乐意帮助你。

23.吃饭的时候不要看电视、手机和平板电脑，吃饭的时候就应该好好享受。

24.吃饭的时候尽量保持饭桌的干净，能干净一点就尽量干净一点。

25.需要别人帮忙递东西的时候，养成良好的语言习惯，比如说，“可以帮我拿一下……吗？”。哪怕是对自己的父母说话，也应该养成良好的礼貌习惯，这一点很重要。

26.在公共场合，比如餐厅、汽车、火车、地铁里，不要大吵大闹，胡乱蹦跳，因为这样会影响到别人的心情。

27.任何时候，手里的垃圾都应该扔进垃圾箱里，养成不乱丢垃圾的好习惯。这个习惯，在家里家外都应该严格遵守。

28.跟别人说话时，尽量先称呼一下对方，哪怕对方只是一个陌生人。

父母如果想要让自己的孩子变得更有教养，而又苦于不知道从哪方面着手的话，不妨参考一下我总结出来的这28条建议。在平日的生活中，努力从自身做起，给孩子树立一个良好的教养榜样，孩子的模仿能力都很强，有的时候，不用你给他讲太多的大道理，只需要你在孩子面前做到这些就足够了。

在公园的时候，碰到夸赞女儿可爱的陌生人，我都会提醒女儿对对方说一声“谢谢”，有的时候女儿会觉得难为情，我就跟她说，那你起码应该对别人笑一下，表示一下你对别人的感谢，然后女儿就会特别夸张地笑一下。

女儿很小的时候，坐火车或者公交、地铁之前，我都会严肃地跟她讲道理，告诉她，这些交通工具都是大家一起坐的，在车上，不仅有你和妈妈，还有别的爷爷奶奶和叔叔阿姨，你大声哭闹的话，会吵到别人，这是非常不礼貌的行为。如果你做不到的话，告诉妈妈，妈妈立即带你下车，你以后也不要再坐公共交通影响别人了。女儿对此记忆很深刻，每次上车前，我们俩都会重新约定一次乘车规则，迄今为止，女儿都表现得非常棒。

所以说，孩子没教养，责任主要在于大人的教育方式。每个孩子生来都是可爱的天使，就看你怎么去教他待人接物了。

在反省中改变，做有教育智慧的父母

我们每个人都不是生来就适合做父母的，从孩子成长为孩子的父母，这是最大的角色转变。在角色转变的过程中，我们每一个人都在学习中成长，努力将自己变成一个拥有教育智慧的父母。在养育孩子的过程中，我们手头的家教理论有很多，但上手试验的机会却只有那么一两次，我们就这样在跌跌撞撞的育儿道路上变成了一个拥有教育智慧的父母。

我经常看着女儿熟睡的脸庞，对先生说：“很难想象，没有孩子的生活会变得多么的枯燥和单调。我们都很感激女儿，她的出生，不仅给我们带来了不可替代的欢声和笑语，而且也让我们在养育她的过程中反思和成长。我希望每对父母都能够做一双拥有教育智慧的父母，不让孩子的童年留有任何的遗憾。在这个过程中，我们需要注意以下几点：

首先，没有任何一种教育方式是永恒不变的。

我之前看到过一篇文章，说孩子要从小树立规矩，在他哭的时候不要抱他，这样可以让他变得更独立一些。当时生下女儿之后，我时刻提醒自己不要溺爱孩子，所以提前学习了很多相对严苛一些的教育方式，决定等女儿以后表现不乖的时候来尝试一下。

后来，机会来了，女儿在4个月大的时候，我发现她存在一个比较严重的问题。那就是晚上睡觉很晚，经常要等到十一二点才睡觉，而且睡觉时不能离开我的怀抱，不然就哭个不停。我很快反思了一下自己的育儿方式，没觉得自己对孩子有过多的溺爱行为，白天时能不抱就尽量不抱她，但女儿还是出现了睡前哭闹的行为。

我记得我和先生找了很多改变她睡眠的育儿方法，尝试无效之后，我决定使用网上提供的一种“时间间隔法”，大概方法是将孩子放在婴儿床上，让她自己哭，第一次让她哭四五分钟，然后父母走进去陪她一分钟，接下来逐步增加间隔的时间，第二次让她哭七八分钟，再进去陪她一下，然后是十分钟，十五分钟……我想说的是，女儿那天晚上经过这样的严苛方式，最后哭到我的心都快要滴血了，然而她竟然在最后的时候，接受了这样残酷的陪伴方式，乖乖地躺在我身边睡着了。第二天，到了睡觉的时候，女儿直接待在我的身旁就睡着了，但是我发现，女儿甚至连小手都不敢碰我了。

就在那一瞬间，我决定改变自己的育儿方式，也告诉自己，我不要去参照什么魔鬼式的育儿方式去教育我的女儿。她在什么样的年龄段就应该享受到什么样的关心和呵护，没有什么样的教育方式是永恒不变的，我只想针对我的女儿打造一个更适合她的教育方式。

于是，在不触犯底线和原则的前提下，我会不断地亲她、抱她，用我所能拿出的所有空闲时间去陪伴她，然后还不嫌肉麻地天天对她说：“妈妈爱你！你知道吗？”

其次，适合自己孩子的，才是最好的教育方法。

天底下没有最好的教育方法，只有更好的教育方法。父母一定要记住，只有适合自己孩子的教育方式，才是最成功的教育模式。

不同的孩子有不同的个性，你不能拿一个固定的教育模式去往自己的孩子身上套，这样不仅不利于孩子的成长，而且容易给孩子的成长造成很大的伤害。有的孩子适合严苛一些的教育方式，但有的孩子自觉性比较高，就比较适合鼓励性的教育方式，父母要及时根据自己孩子的特点，去修正自己的教育方法。

《论语·先进篇》是关于孔子“因材施教”的典故，原文如下：

子路问：“闻斯行诸？”

子曰：“有父兄在，如之何其闻斯行之？”

冉有问：“闻斯行诸？”

子曰：“闻斯行之。”

公西华曰：“由也问，闻斯行诸？子曰，‘有父兄在’；求也问闻斯行诸，子曰‘闻斯行之’。赤也惑，敢问。”

子曰：“求也退，故进之；由也兼人，故退之。”

翻译成白话文，就是这样的：

有一天，子路对孔子说：“先生所教的仁义之道，真是令人向往！我所听到的这些道理，应该马上去实行吗？”孔子说：“你有父亲兄长在，怎么能听到这些道理就去实行呢！”过了一会儿，冉有也来问同样的问题，孔子却说：“应该听到后就去实行。”这时，站在一边的公西华被弄糊涂了，不由得问孔子缘故。孔子说：“冉有为人懦弱，所以要激励他的勇气；子路武勇过人，所以要中和他的暴性。”

冉有与子路二人，后来从政都有成就，多亏孔子教育有方。

我在这里，恳请所有的父母用心去对待自己的孩子，一千个孩子就应该有一千种最佳的教育方式，每个父母都应该找到适合自己孩子的教育模式，不要随便去把自己的孩子当成教育的试验品。

最后，我们都是在反思中成为具有教育智慧的父母的。

感谢所有的孩子们，让我们可以成长为更有教育智慧的父母。孩子的每一步成长，都是我们不断学习、反思的教育成果，我们很珍惜每一步陪伴孩子走过的道路。

曾几何时，我们也曾遇到孩子不愿与别人分享的难题，作为父母的我们，为了帮助孩子成长为一个更好的孩子，学习了很多关于孩子分享方面的知识。首先理解到这是她自我意识发展的一个必经阶段，因为她开始有了“你我他”的角色概念。接下来，我不断反思自己的言行，争取在行动方面为她树立良好的榜样，所以我学做孩子爱吃的饼干，带着她去跟小朋友们愉快地分享，最终让女儿成了一个乐于分享的好姑娘。

等她快长到4岁的时候，我发现她又拥有了新的自我意识，比如愿意分享零食，却不愿意分享自己的自行车或者是自己的爸爸妈妈，仅仅就与人分享这一点而言，都将是一个不断学习和反思的漫漫征程，更何况其他的方面呢？

曾几何时，我们也曾遇到孩子爱哭闹、爱发脾气的难题，作为父母的我们，同样经历过一筹莫展的时刻，但很快就调整了自己的心态，最终找到了影响她情绪的“大灰狼”和“大老虎”，并且不断地教育女儿，你可以发泄自己的情绪，但能否尽量尝试一些更缓和的方法呢？比如沟通、交流或者是玩乐。

等她长得更大的时候，我们也许又会发现她可能会出现一些新的情绪状态，或者，她依然会在某一天难过或者气愤的时候，肆无忌惮地大声哭闹一下，作为父母，我们愿意耐心地陪着她一起成长，不断地教育她学会正确地发泄和表达自己的情绪。

总之，在养育孩子的道路上，我和所有的父母一样，都是在反思和学习的道路上不断前行，最终成为一个拥有教育智慧的父母。更重要的是，我们可以给孩子留下一个特别美好、特别温馨的成长经历。

向所有为人父母者致敬！